Das Kochbuch

Wertvolle Koch- und Haushaltstipps mit kleinen Geschichten und Bildern aus der Zeit.
Dieses Buch zeigt Kochanleitungen von einer Hauswirtschaftsschule in Hamburg Altona aus dem Jahre 1950/51. Sie wurde von den Hauswirtschaftsschülerinnen liebevoll „Klütengymnasium" genannt. Das Wort Klüten ist plattdeutsch und bedeutet kleine Klöße, die dort besonders gern gekocht wurden.

Diese guten, alten Rezepte sind einfach, und leicht nach zu kochen. Sie sind sehr schmackhaft und bereiten auch <u>KochanfängerInnen</u>   Freude.

So werden auch unerfahrene Hausfrauen und Haushalts-Beginner leckeres Essen zaubern.

In den fünfziger Jahren wurde vieles noch viel liebevoller vermittelt und gern weiter gegeben.

Es wurde viel selbstverständlicher mit Grundbedürfnissen umgegangen. Neben dem Thema Ernährung wurde auch Hygiene und Kindererziehung gelehrt. Die Hauswirtschaftsschule war aber im Grunde für das Kochen lernen zuständig, um im Endeffekt dann heiraten zu können.

Mit diesem Kochbuch erlernen Sie Alltagsrezepte. Sie sind die Grundlage auch für die heutigen **Geheimnisse der Kochkunst.**

Als Hausfrau oder Hausmann benötigen Sie ein paar Grundrezepte, um sich und die Ihrigen zu begeistern. Im eigenen Haushalt lernen Sie so kinderleicht und mit Freude das Kochen.

Ob Bratkartoffeln oder Remouladen-Eier, die Gerichte sind auch heute noch aktuell. "Klüten und Birnen" ist ein in Norddeutschland immer noch bekanntes vegetarisches Gericht und ein Beispiel für eine süße Variante mit Klüten. Aber auch in Suppen sind Klüten ein Gedicht.

Das isst die ganze Familie gern.

Aber auch das Anrichten will gelernt sein und bekam in den 50er Jahren eine neue Dimension. So gab es in den 50ern viele Ideen, um zu Genießen und sich wohlzufühlen.

Gewidmet ist dieses Kochbuch meiner lieben Vermieterin
Sie hat mir Ihre originalen Aufzeichnungen überlassen, um diese Rarität zu schaffen.

-3-

Ich habe Ilse`s Rezepte unverändert wiedergegeben
und nur ab und zu den einen oder anderen Tipp drunter
gesetzt.
Einige Rezepte die ich mir aus meiner „Anfängerzeit"
bewahrt habe, sind auch zu finden.

Es ist wirklich einfach gutes auf den Tisch zu bringen.

Sieh selbst! Und vor allen Dingen schmecke   es selbst !
Ich bin   *Hildegard*

Und Du ?...

Fotoquelle Wikipedia

Impressum

Bibliografische Information der Deutschen Nationalbibliothek
Die Deutsche Nationalbibliothek verzeichnet diese Publikation in
der Deutschen Nationalbibliographie, detaillierte bibliographische
Daten , sind im Internet über http://dnb.dnb.de   abrufbar.

© 2017 Hildegard Gerdes

Herstellung und Verlag: BoD-Books on Demand, Norderstedt

ISBN 978-3-7460-3154-5

9 783746 031545

Inhalt

Gast-Rezepte
sind so kenntlich gemacht

Meine Rezepte so

1.Grundrezept für Fleischteig

Zutaten :   1kg gemischtes Hackfleisch
2-4 Brötchen
1 Ei
1 TL. Salz
1-2 Zwiebeln
Pfeffer

Zubereitung : Das Weißbrot einweichen und
sehr gut ausdrücken. Die Zwiebeln sehr fein hacken. Das Hack wird mit den Zutaten gemischt.
Wir formen mit nassen Händen Frikadellen. Man
kann sie auch in Semmelmehl wenden oder
auch so braten.

2.Kartoffelsalat (ohne Majonäse)

Grundrezept : helle Mehlschwitze

Zutaten :   40 g Fett

40 g Mehl

1-2 Zwiebeln

Ein paar Schinkenwürfel

250g Pellkartoffeln

3/4 bis 1 L Milch

Die Kartoffeln in feine Scheiben schneiden und in die Soße geben.
Auch viel gehackte Petersilie passt gut dazu.

Tipp: *Für Pellkartoffeln immer Festkochende Kartoffeln nehmen*

3.Bratkartoffeln

Die Pellkartoffeln werden in Scheiben geschnitten gesalzen und gepfeffert und in Fett gebraten.

Zutaten: 1 kg Kartoffeln

50 - 75 g Fett

1 Zwiebel gewürfelt

4.Bauernfrühstück

Zutaten :   1 kg Pellkartoffeln
50 - 80 g Speck
3 Eier
3 EL. Milch
3 EL. Schinkenwürfel

Zubereitung : Die Eier in die Milch geben. Schinkenwürfel dazu. Die Masse über die gebratenen Kartoffeln geben und stocken lassen .

Mein Tipp:

Wenn ich Bratkartoffeln bereite, Nehme ich Pellkartoffeln oder Salzkartoffeln von Festkochenden Kartoffeln.   Auf jeden Fall brate ich erst Speck und Zwiebeln in Fett leicht an und nehme sie dann aus der Pfanne.
So werden die Zwiebeln nicht so dunkel und der Speck nicht hart. Sind die Kartoffeln schön braun gebrutzelt, gebe ich Speck und Zwiebeln zurück in die Pfanne.

5.Kartoffelbrei

Zutaten :   1 kg. Kartoffeln
                1/4 l Milch
                40 g Butter oder Speck

Zubereitung :
Salzkartoffeln kochen, gut abdämpfen und zer-
stampfen. Warme Milch , Butter oder Speck zu-
geben
Geschmack gebende Zutaten : Petersilie , Salz ,
Butter , Zwiebeln , Speck

**_Kennst du den Unterschied von
Kartoffelpüree und Kartoffelstampf ?
Stampf ist grob mit kleinen Stücken und Pü-
ree ist die ganz feine Variante_**

6.Spinat

Spinat wird verlesen und gründlich gewaschen,
tropfnass in einem Topf aufsetzten und 10 Min
weich dünsten. Auf einen Durchschlag geben.
Wir bereiten eine Mehlschwitze von 40g Fett
und 40g Mehl, einer Zwiebel oder Semmelbrösel
, das Spinat Wasser zum ablöschen nehmen und
mit Salz abschmecken .

**_Meine Mutti hat immer Gehackte Eier dazu
getan und ein gebratenes Ei obendrauf, dazu
gab es Butterkartoffeln_**

7.Gulasch

Zutaten : 500g schieres Rindfleisch
50g Speck oder Brot
1 große Zwiebel
1 TL. Salz
Pfeffer und Paprika
10g Mehl

Zubereitung :

Das Fleisch in Würfel schneiden und anbräunen.
Die Zwiebeln zuletzt dazu geben. Dann soviel
Wasser aufgießen das das Gericht langsam
schmort. Zuletzt mit etwas Mehl andicken.
Nochmal abschmecken.

Mein Tipp:
In Österreich habe ich echtes „Guyas" kennen
gelernt. Es gibt verschiedene Varianten, aber
am besten hat mir diese geschmeckt:
Rindfleischwürfel scharf anbraten und mit
viel Paprikapulver abschmecken, sollte recht
scharf werden. Dann wird Sauerkraut zuge-
geben und mit geschmort bis das Fleisch gar
ist. Ca. 1 Stunde.
Am besten über Nacht stehen lassen . Braten-
fond mit etwas Mehl andicken. Dazu passen
am besten Semmelknödel. S. Rezept 17

8.Überbackener Blumenkohl

Der Blumenkohl wird fast weich gekocht.
Eine helle Mehlschwitze mit etwas Milch bereiten.

Den Kohl in eine gefettete Auflaufform verteilt,
mit der Tunke übergossen und überbacken. Man
kann ergänzen und verfeinern mit Schinken und
anderen Resten.

Mein Tipp:
Die Mehlschwitze etwas dünner lassen und
den Blumenkohl mit dem Schneebesen kräf-
tig aufrühren. Schinken oder Speckwürfel ma-
chen eine Leckere Suppe. Muskatblüte Ge-
würz gibt einen feinen Geschmack

9.Makkaroni-Auflauf

Zutaten :
250 Makkaroni wird in Salzwasser gekocht und
abgetropft.
125 g Schinken oder Wurst, 2 Eier, 1/4 L Milch,
etwas Salz verschlagen.
Makkaroni in die Auflaufform und die Ei-Masse
obendrauf .
1 Std. Backen. Dazu Tomaten-tunke und grünen
Salat reichen.

10.Kartoffelsalat

Zutaten :   1 kg Kartoffeln
                 1 EL Salz
                 1 TL Zwiebelwürfel
                 2 EL. Öl
                 3-4 EL Essig
                 1/2 TL. Zucker
                 1/8 L kochendes Wasser

Zubereitung :

Pellkartoffeln kochen, abkühlen und in dünne Scheiben schneiden.

Zwiebeln mit kochendem Wasser überbrühen, Öl, Essig, Salz, Zucker untermengen. Die Kartoffelscheiben rein geben und durchziehen lassen. Wer mag , mit Petersilie ,Gurken , Tomaten oder Radieschen verzieren.

11.Gemischtes Gemüse

Zutaten: 250g Erbsen
                1 Pfd. Wurzeln in Würfel schneiden

Zubereitung :

In Salzwasser garkochen und mit Mehl binden.

Spargel dazu und du hast „Leipziger Allerlei" Mit Salz und etwas Zucker abschmecken. Evtl 1 Eßl. Butter mit Mehl verknetet als Butterball beifügen

12.Ochsenleber

Die Leber wird enthäutet und von den harten Stellen befreit. Leicht gepfeffert und gesalzen, in heißem Fett beide Seiten braun braten. Aus der Pfanne nehmen, warm stellen und in dem Fett Zwiebelringe anrösten.

Mein Tipp : Ich wälze die Leber vor dem Braten in Mehl, dann spritzt es beim Braten nicht so.
Gutes Öl oder Kokosfett zum braten

Eine leckere und preiswerte Variante sind Hühner- und Putenleber
Schweine-Leber ist nicht zu empfehlen wegen dem leicht bitteren Beigeschmack.

13. Gefüllte Tomaten

Die Fleischtomaten aushöhlen, ganz leicht salzen.

Füllungen :   Fleischteig
Pilze oder Reis

Pilzfüllung :
250g. Pilze putzen fein hacken. Mit fett leicht an-dünsten mit Semmelmehl einem Ei und Peters-ilie vermischen.
Füllung in die Tomaten geben und den Deckel auflegen. In Fett mit Tomatenmark andünsten bis es gar ist. Die Tunke mit Mehl binden.

Mein Tipp für die Party

Kleine oder Kirschtomaten aushöhlen und mit
Fleischsalat oder Käsecreme füllen
Toll für eine Vorspeise oder ein Buffet

14.Kartäuser Klößchen

Zutaten : 8 alte Semmel
1/2 L Milch
1-2 Eier
20g Zucker
etwas Salz
6 gehackte Bittermandeln
80g Fett
50-100g Zucker zum bestreuen

Zubereitung :
Die abgeriebenen Semmel werden in viertel geschnitten, eingeweicht. In die Milch die Zutaten
geben die Semmel einweichen. In Ei wenden
und in heißem Fett gebraten.

15.Chinesisches Gulasch

Zutaten :
200g in dünne Streifen geschnittenes Rindfleisch
400g Zwiebeln in Streifen
etwas Maggi
eine Prise Zucker
etwas Pfeffer
Salz und Fett zum braten

Zubereitung :

Das Fleisch scharf anbraten. Die Zwiebeln danach mit schmoren. Alles zusammen unter Wasser Zugabe gar schmoren. Die Tunke mit Mehl
binden.

16. Vorschläge für kalte Platten

Alle Brote mit Aufstrich werden sorgfältig mit Butter bestrichen. Vom Rand aus gleichmäßig glatt.
Die Butter gut warm aber nicht flüssig, so kann sie gut aufgestrichen werden.

Einfacher Brotaufstrich

1. *mit Quark:* 125-250g Quark,
2 EL Butter oder Margarine ,1 TL Salz, sehr fein-gehackte Zwiebeln und, oder Schnittlauch, Kümmel.

2. *Liptauer Käse:* 250g Quark, 50g Butter, 1 kl. Zwiebel, 1 TL. Senf, Paprika Pulver, Butter
die Zutaten mischen so das ein glatter Teig entsteht. Evtl. mit geriebenen Schweizer Käse ,Essiggurken oder Schinkenwürfel variieren.

3. *Tomatenbrote:* Tomaten in feine Scheiben schneiden. Mit ganz feingehackten Zwiebeln, Petersilie, Pfeffer und Salz würzen.

4. *Ei-Brote:* Eier 8 Min hartkochen. Erkaltet in Scheiben schneiden und auf die Brote legen. Verzieren mit Kapern, Anchovis, Majonäse , Tomatenmark u.sw.

5. *Wurstbrote:* Wurstscheiben ohne Pelle, Schweinebraten auf Brote die mit Senf bestrichen sind. Hackfleisch und Suppenfleisch Brote mit Gewürzgurke verzieren

6. *Pumpernickel-Würfel:* Butter wird mit Schmelzkäse oder Roquefortkäse vermischt und auf Pumpernickel Scheiben gestrichen. Die werden aufeinander geschichtet und in Würfel geschnitten.

Mein Tipp:
Gefüllte Eier : Hartgekochte Eier in der Mitte
durchschneiden . Eine kleine Menge Majonäse
drauf setzen und mit Anchovis, oder schwarzem
Kaviar, oder Kapern, oder einer Olive verzieren.
Kleine Tomaten aushöhlen und mit Fleischsalat
füllen

Ein klassischer Mittelpunkt ist der

KÄSE–IGEL

17.Semmelknödel

Von 4 Brötchen die Rinde weg machen und in kleine Würfel schneiden. Petersilie fein hacken und in 60g Fett leicht anrösten und über die Brötchenwürfel geben. Und gut durchrühren In 1/8 l Milch ein Ei und ½ Tel. Salz verquirlen. Zur Brötchenmasse geben und gut verkneten 10 min. ziehen lassen. Dann soviel Mehl rein arbeiten das sich Klöße formen lassen. Hände anfeuchten dann klebt es nicht. In köchelndem Wasser ca. 15 Min ziehen lassen.

18.Schweine- oder Kalbsschnitzel

Die Schnitzel schön flach klopfen. Leicht salzen. 1 Ei mit Milch verschlagen. Die Schnitzel darin und anschließend in Paniermehl wenden. In heißer Butter braten, einmal wenden. Mit Zitronenscheiben anrichten.

Mein Tipp:
Als erstes das Schnitzel in Mehl dann in Ei und zuletzt in Paniermehl wenden.
Dann wird es eine schöne Panade.

19.Schwemmklößchen

Zutaten :   1/8 L Milch oder Wasser
10g Butter
1 Pr. Salz
60g Mehl
1 Ei
Muskat

Zubereitung:
Mit 2 Teelöffel kleine Klößchen formen in fast
kochendem Wasser gar ziehen

20.Kohlrollen (Rouladen)

Zutaten :   Weiß oder Wirsing Kohl
Der ganze Kopf wird in Salzwasser
aufgekocht .
Vorsichtig die Blätter lösen .

Füllung: 250g gemischtes Hackfleisch
2 Brötchen Altbacken
1 Ei,
Salz Zwiebeln Pfeffer

Aus diesen Zutaten einen Teig zubereiten. In je-
des Blatt eine Portion einwickeln
und mit einem Faden fest wickeln.
In einer Pfanne oder im Backofen gar schmoren.
 Die Soße mit Mehl binden.

21.Fliederbeerensuppe
mit Grießklößchen

Zutaten für die Klößchen : 1/8 L Milch , 25 g Fett,
50g Grieß , 1Pr. Salz , Zucker und 1 Ei. Zubereiten wie Schwemmklößchen s.rezept 19

Die Suppe :
500-750g Fliederbeeren, 1 L Wasser, 1 Stück Zitronenschale, 2 Äpfel , 25g Kartoffelmehl ,
Zucker

Zubereitung :
Fliederbeeren waschen und mit Hilfe einer Gabel abstreifen. Weich kochen und durch ein Sieb
schütten. Die gewürfelten Äpfel und die Zitronenschale zugeben , kochen und mit dem Mehl
binden. Mit Zucker abschmecken und die Grieß-
klößchen (Grundrezept) dazu geben.

22.Eisbein

Gepökeltes Eisbein einige Stunden in Wasser legen.
Frisches Eisbein direkt in Salzwasser kochen.
Lorbeerblätter, 1 Zwiebel, Pfefferkörner mit kochen. 2-3 Std Gar kochen.
Die Brühe zum Sauerkraut kochen nutzen.

23.Erbsenpüree

Getrocknete, geschälte Erbsen über Nacht einweichen. Das Einweichwasser zum kochen benutzen

Zutaten :   375g Erbse
                40g Speck oder Butter
                3/4 L Wasser oder Brühe
                1-2 Zwiebeln
                1 TL Salz

Zubereitung :

Die weich gekochten Erbsen durch ein Sieb oder Passiersieb drücken.   Abschmecken
Mit gerösteten Zwiebeln verzieren

24.Sauerkraut

Zutaten : 750g Sauerkraut,
3 Eßl. Öl oder anderes Fett
1/4 L Brühe (z.B. Vom Eisbein)
2 Zwiebeln
1 rohe Kartoffel

Zubereitung :
das Kraut nie waschen, in heißem Fett andünsten oder schmoren. Mit der Brühe auffüllen. Zuletzt mit einer geriebenen Kartoffel ansämen.

25.Rinderrouladen

Zutaten : 500g Rouladenfleisch
Pfeffer u. Salz
Senf
Speck
Gewürzgurke
Zwiebeln
Fett zum anbraten
Bindfaden oder Holzspieße

Zubereitung :
Das Fleisch klopfen, salzen, pfeffern, dünn mit
Senf bestreichen.
In jede Scheibe ein Stück Speck, Gurke und
Zwiebel einrollen und mit Faden oder Stäbchen
fixieren. Kräftig an schmoren und gut ein bis 2
Stunden gar schmoren. Soße mit Mehl binden.

26.Rotkohl

Den Rotkohl schneiden. Mit Schmalz, 1 Zwiebel mit einem Lorbeerblatt und 2 Nelken spicken. 2 Löffel Essig etwas Salz und 2-4 Äpfel aufsetzen und schmoren lassen. Mit Essig Zucker und Salz abschmecken.

27.Kartoffelknödel

Zutaten :

1 kg Kartoffeln
1 TL Salz
1-2 Eier
1 Semmel
80-100g Mehl
50g Butter zum rösten

Zubereitung :
Die Kartoffeln am Vortag kochen oder sie heiß verwenden Kartoffeln stampfen,Salz, Eier und Mehl zugeben und gut durchkneten mit mehligen Händen Klöße formen, in viel Salzwasser Sieden lassen, nicht kochen.

Schwimmen sie oben sind die Klöße fertig. Vorsichtig aus dem Topf nehmen. Leicht gebräunte Butter drüber geben.

28.Jägerkohl

Zutaten : 1 kg Rotkohl oder Weißkohl
100g Speck
1 TL Kümmel
1/4 L Wasser oder Brühe
2 Äpfel
2 EL Essig
Salz und Zucker
1 geriebene Kartoffel oder Mehl

Zubereitung :
Alles kleingeschnitten mit den Zutaten im Fett
(Schweine oder Entenschmalz) gar schmoren.
Abschmecken und mit Mehl oder der Kartoffel
binden.

29.Markklößchen

Zutaten : 70g Rindermark
1 ganzes Ei
4g Salz
1/2 EL gehackte Petersilie
100g Semmelbrösel

Zubereitung :
Das Mark zerlassen, mit den anderen Zutaten
schaumig rühren und kleine Klößchen formen. 3
Min in siedendem Wasser ziehen lassen.

30.Dampfnudeln

Zutaten :   225g Mehl
60g Butter
10g Zucker
1 Ei
etwas Zitronenschale
1/2 TL Salz
3/4 L Milch
15g Hefe

Zubereitung:

Das erwärmte Mehl kommt in eine Schüssel und wird von der Mitte aus mit den lauwarmen Zutaten zu einem Hefeteig verknetet und ungefähr zu 8 Klößen geformt. Auf einem mit Mehl bestäubten Brett gehen lassen. 1/4 L Milch mit dem Zucker und der Butter aufkochen , die Klöße rein geben und mit geschlossenem Deckel 10-12 Min kochen. Die Milch muss völlig verkocht sein.
Dazu schmeckt Vanillesoße oder Fruchtsoßen.

31.Grünkohl

Der Kohl sollte möglichst schon einmal Frost bekommen haben. Gründlich sehr gründlich
waschen , dicke Strunken entfernen und einmal
abkochen damit er nicht so streng schmeckt.
Pro Person 125 g geputzter Kohl.
Den abgekochten Kohl durch ein Sieb geben und
neu mit frischem Wasser aufsetzen .
Ich hebe den Kohl mit der Schaumkelle raus,
falls doch noch etwas Sand raus gekocht ist.
Als Einlage : Kochwurst, Schweinebacke, Kassler.
Räucherspeck,
Der Kohl wird weichgekocht und ziemlich ein
gedämpft. Mit Brühe, Senf, Salz, Pfeffer nach Geschmack abschmecken .
Die klassische Beilage (Schleswig Holstein)sind
kleine Kartoffeln die nochmal in der Pfanne mit
etwas Zucker geröstet werden und eine Senfso-
ße
dazu s. Rezept 53, Salzkartoffeln reichen aber
auch

Mein Tipp:
Ich koche das Fleisch immer erst und stelle es
kalt, lässt sich dann auch besser portionieren.

Oft fehlt einem auch ein großer Topf. ;)
Den Kohl dann in der Fleischbrühe gar.ko-
chen. Übrigens, Grünkohl, Weis- und Rotkohl
schmecken besser, wenn er einmal abgekühlt
und neu erhitzt wird.
Finde ich!

32.Kartoffelkroketten

1 kg Salzkartoffeln kochen , abgießen und durch ein Sieb oder Kartoffelpresse drücken. Mit einem Ei vermischen und mit Salz und Muskat abschmecken.
Kleine Kugeln oder Würste formen, in Semmelbrösel wälzen und in heißem Fett hellbraun backen.

Andere Variante: *Teig in einen Spritzbeutel füllen und kleine Häufchen auf ein Backblech und im Backofen bei guter Hitze, bis das "Krönchen " braun wird*

Noch `ne Idee ?
_____
_____
_____
_____
_____
_____
_____
_____
_____

33.Gefüllte Schweinerippe

Eine ganze Schweinerippe ohne Knochen, wird von innen und außen gesalzen.
In die Rippe eine Tasche schneiden. (oder vom Schlachter schneiden lassen)
Die Füllung:
250g getrocknete Pflaumen
        3-4 Äpfel in Stücke
            geschnitten
        3 EL. Semmelbrösel
        20g Zucker
        1 Ms Zimt, etwas Salz
        125g Margarine
        125g Mehl
        1 Ei
        3 EL Zucker mit
            Vanillezucker
Alles gut vermischen und in die Tasche füllen .
(Mit Holzstäbchen und stabilen Faden sorgfältig verschließen)
Bei ca. 230° (200°)Ober und Unterhitze   gute 2 (3) Stunden braten.
Immer mal übergießen .
Eine krosse Haut bekommst du, wenn die Haut tief eingeritzt ist und immer wieder mit Salzwasser bepinselt wird.

Mein Tipp
Weniger Hitze dafür längere Bratzeit

34.Sagoflammeri

Zutaten :   1/2 L Milch
1 TL Zimt
45 g Sago
etwas Zucker
1 Priese Salz

Zubereitung :
Alle Zutaten zusammen kochen. Sago muss
weich werden.
Dann in eine mit Wasser ausgespülte Schüssel
füllen. Kalt stellen und stürzen.
Schmeckt mit Kompott

35.Nudeln

500g Mehl, 1 ganzes Ei, etwas Salz
Mehl sieben, Salz zu tun, das Ei rein schlagen ,
alles so lange kneten bis man den Teig ausrollen
kann. Die Streifen sehr lang und schmal schneiden.
Auf Pergament Papier oder einem Küchentuch
in der Wärme trocknen.

*Nudeln nicht mit Fett kochen oder in Butter
schwenken, sie nehmen dann die Soße nicht
mehr gut auf.*

36.Eierstich
2 Eier, 1/8 L Milch, 1Priese Salz,Muskat
Alles gut zusammenrühren. In eine mit Öl und
Butter ausgeriebene Tasse oder Schüssel geben
und im heißen Wasserbad stocken lassen .
Ist die Masse fest, stürzen und Würfel schnei-
den.
Varianten könnten sein: Kräuter, Käse,Tomaten

37.Klüten und Birnen
Für die Klüten nehme Grundrezept 111
Aber erst im Birnenwasser gar ziehen lassen

Die Birnen Schälen , Kerngehäuse entfernen und
würfeln. In Zuckerwasser aufkochen und 20Min.
weiter köcheln lassen.
Jetzt den Klütenteig mit 2 Teelöffeln in dem Bir-
nensaft gar ziehen lassen

38.Kartoffelpuffer

Zutaten :   1 kg geriebene Kartoffeln
1-2 Eier
2-4 Eßl. Mehl
1 geriebene Zwiebel oder Apfel
Fett zum Braten

Zubereitung : Alle Zutaten mischen und in kleinen Portionen braten
Servieren mit Zucker, Kompott , Apfelmus usw.

Ich esse sie am liebsten nur mit Salz.
Habe aber auch schon mal jemanden erlebt
der sie mit SENF verschmatzte.

39. Kürbis - Pfannküchlein

Zutaten: Fein geraspelt oder geriebener Kürbis , Zucchini ,Karotten zu gleichen teilen. Gut die Flüssigkeit ausdrücken.Mit Pfeffer,Salz und Muskat abschmecken. Mit Mehl und einem Ei binden und in Olivenöl oder Kokosöl kleine Küchlein ausbacken.

Meine liebe Mama

Wenn es bei uns Kartoffelpuffer gab,
war es ein Fest- für uns Kinder.
Wir waren 8 Geschwister, aber als ich
anfing zu denken waren wir nur noch 6
Geschwister im Haus. Also, wenn es
Kartoffelpuffer gab, saßen wir gierig
am Tisch und warteten geduldig
auf die Fertigen.
Die ersten hat Mama gegessen, wahrscheinlich weil sie sich stärken musste
für die kommende Fütterung.
Nun stell dir vor, das sie mit der Hand
reiben musste, für insgesamt
8 Personen.
Dann braten. War der erste Pufferberg
fertig, durften wir beginnen. Wir Kinder , die Geier, um die Wette wurde gegessen.
Wir stopften uns rein bis zum platzen.
Frei nach dem Motto „einer geht noch"
Mutti hat keinen Muckser gemacht und
so viele gebraten bis wir wirklich nicht
mehr konnten. Es war ein einziger
Spaß- für uns , wenn ich da jetzt so drüber nachdenke ....

40.Soljanka
Original von Ingeborg aus Sachsen

6-8 Personen
Zutaten : 1 Kilo gemischtes Hackfleisch
Salz Pfeffer Kümmel Knoblauch
Schweinefleisch und Wurstreste
4-5 Zwiebeln
6-8 rote und gelbe Paprika
Chili -vorsicht-
3 Dosen Tomatenmark
Gewürzgurke oder Sauerkraut.

Zubereitung: Das Hack anbraten , Zwiebeln dazugeben, Mit Brühe auffüllen. Restliche Zutaten dazu , zuletzt die Fleisch und Wurstreste, abschmecken.

Zuletzt noch gehackte Gewürzgurke oder Sauerkraut zugeben

Alles ein paar Stunden ziehen lassen und vor dem Servieren ein gutes Stück Butter dazugeben

**Mir schmeckt dieses Gericht mit
Sauerkraut am besten.**

41. Eintopf aus Ochsenbein
Ein Rezept von Frau Galdiks aus Elmshorn

Ca. 500g Ochsen-Bein mit Salz und Pfeffer gar kochen. (Kochzeit ca.1 ½ Std) Fleisch raus nehmen wenn es Mürbe ist und die Brühe durch ein Sieb gießen. Fleisch nach dem abkühlen in Würfel schneiden.
1 ganzen Sellerie und 500g Porree und 500g mehlig kochende
Kartoffeln würfeln und in der Fleischbrühe kochen. 1 Glas Salzgurken hobeln. , dazu geben und zuletzt 1 Becher saure Sahne und 2 Bund Dill gehackt. Das Fleisch wieder heiß werden lassen aber nicht mehr kochen.

Danke Frau Galdiks für dieses Rezept.

42.Auberginen überbacken
Eine nicht zu kleine Aubergine der Länge
nach halbieren.
Die Oberfläche Rau- tenförmig einritzen
ohne die Außenhaut zu beschädigen. Mit
Zitronensaft beträufeln und grobem Salz bestreuen. Ein bis 2 Scheiben Edamer auflegen
und bei 160-180 Grad überbacken

Auberginen sind sehr Kalorienarm , sollten
aber nie roh gegessen werden weil die gifti-
gen Bitterstoffe magen- und Darmbeschwer-
den auslösen
Durch erhitzen verflüchtigt der Stoff (Solanin)

43.Chutneys - ich liebe sie

Sie lassen sich wunderbar einfach wie eine Marmelade kochen und passen hervorragend zu den meisten Fleischgerichten und finden an jedem Grillbuffet Beachtung. Also keine Angst vor der Herstellung.

Grundsätzlich brauchst du:
Apfelessig, Zucker oder besser noch Rohrzucker. Meersalz, Senfkörner, viel Zwiebeln und Rosinen

Jetzt kannst du nach Lust und Laune variieren:
Äpfel, Pflaumen, Birnen, Tomaten,

Zimtstange, Senfkörner, Nelke, wer will, aber dann im Teebeutel, damit sie wieder leicht entfernt werden können.

Alles zerkleinern und mit dem Essig zusammen kochen auf kleiner Flamme ca. 2 Stunden. Gut abschmecken –

SÜSS SAUER SCHARF

Ganz heiß in Marmeladengläser füllen , gut verschließen.

Das Glas ist fest verschlossen wenn sich der Deckel nach dem Abkühlen nach innen wölbt.

44.Hummus selber machen

50g getrocknete Kichererbsen 24 Std. einweichen. In frischem Wasser 2 Stunden köcheln.
Schaum abschöpfen.
3 Esslöffel Tahin Paste, 50ml Olivenöl, 1 Knoblauchzehe, den Saft einer halben Zitrone, Pfeffer
und Salz. Alles pürieren. Im Kühlschrank nicht
lange haltbar.

45.Marmelade selber machen

 Auf jeder Gelierzucker-Packung steht das
Grundrezept. Das brauche ich nicht nochmal
aufschreiben...........Aber ....

Nichts aber,   *sei kreativ*
- **Marmelade** oder Konfitüre sind mit
  Fruchtstücken, **Gelee** nur aus Saft.
- Halte dich an die Menge die angegeben ist
  und es wird nichts schief gehen.
- Du kannst jede Frucht nehmen , natürlich
  Kerne und Schale vorher entfernen.
- Nimm eine Sorte oder mische sie.
- Mach Rum oder Sekt dazu wenn du es
  magst, aber denke immer an die gesamte
  Flüssigkeitsmenge,   nicht überschreiten
- Auch Gewürze wie Anis, Zimt, Nelke
  machen aus
    **DEINER MARMELADE ETWAS GANZ
    BESONDERES**

46. Kräuterbutter

Butter so warm werden lassen das sie gerührt
werden kann aber noch nicht flüssig ist
Je ein Teelöffel Kerbel, Italienische Würzmi-
schung , Knoblauchsalz,
Bunter Pfeffer, ½ TL Zitronenpfeffer

Zitronen-Butter
Geriebene Zitronenschale einrühren

Knoblauch-Butter
Eine zerdrückte Knoblauchzehe einrühren

Paprika-Butter
Etwas Salz und viel Paprikapulver einrühren

Lass deinen Ideen freien Lauf

DEINE GÄSTE WERDEN STAUNEN

2.Teil   SUPPEN

In meiner Jugend wurde mir kochen nicht beige-
bracht, höchsten das Abwaschen, was ich natür-
lich nicht wollte, also versuchte ich mich erfolg-
reich zu drücken.   Was mir auch oft gelang.
Als ich dann mit 16 Jahren heiratete sah es bitter
aus. Vielleicht kann man sich ein Bild von meinen
„Kochkünsten" machen..........armer Ehemann.
Aber alles ist erlernbar.
Wenn ich aber jetzt an Knoblauch denke, fällt mir
ein das ich mal den Unterschied von Knolle zur
Zehe nicht wusste.
Die erste Suppe mit Knoblauch war aber trotz-
dem oder vielleicht gerade deshalb ein echter Er-
folg, hab mich aber nicht getraut das zu wieder-
holen.

<KNOBI-KNOLLE

KNOBI-ZEHE

Hier das Rezept aus meinem
allerersten Kochbuch Buch
„Was Männern so gut schmeckt"

47. *Italienische Tomatensuppe*

Zwei Pfund kleingeschnittene reife Tomaten.
250g gehackte Zwiebeln
2 Knoblauchzehen
2 Lorbeerblätter und
1 Teelöffel Thymian in
50g Olivenöl 15 Min. dünsten.

Durch ein Sieb passieren.
Mit ½ Liter kochendem Essigwasser auffüllen.
Mit Salz, Pfeffer, und etwas Zucker abschmecken

Mit einer hellen Butter-Mehlschwitze binden,
Etwas süßen Rahm unterheben. Dazu frisches
Weißbrot

48.Selleriesuppe

1/2 Sellerie wird in Würfel geschnitten und in
Salzwasser gar gekocht.

Helle Mehlschwitze mit der Gemüsebrühe auffüllen . Den Sellerie wahlweise gewürfelt oder
gestampft dazu gegeben werden.

49.Schwarzwurzelsuppe

Zutaten : 250g geputzte Schwarzwurzel
      1 1/4 L Wasser
      Salz
      40g Fett
      40g Mehl
      evtl 1 Eigelb
      etwas Zitronensaft

Zubereitung:
Wurzeln nach dem Putzen gleich in Zitronen-
oder Essigwasser legen, damit sie nicht wieder
schwarz werden. In 2-3 cm Stücke schneiden.
Dann Salz zugeben und gar kochen . Mehlschwitze mit der Gemüsebrühe ablöschen.

Mein Tipp:
**Putzen mit Gummihandschuh, sonst drohen schwarze
Hände**

50.Gemüse Graupen Suppe

Zutaten :   1 1/4 L Wasser
250g. Rindfleisch
Knochen
250 g geputztes Suppengrün
60 g Graupen
1 TL. Salz
2 Zwiebeln
Fett

Zubereitung :
Wasser, Fleisch, Knochen mit dem Suppengrün aufkochen . Dann die Graupen hinzufügen. Alles auf kleiner Flamme Gar kochen.

51.Kartoffelsuppe

Zutaten: 500g Kartoffeln,
40-50g Fett oder Speck
1-2 L Brühe,
Suppengrün
1 Zwiebel
Petersilie

Zubereitung :
Fett oder Speck mit den Zwiebelscheiben anrösten. Gewürfeltes Suppengrün und Kartoffeln dazu geben mit Brühe aufgießen und kochen lassen.
Mit Petersilie und geröstete Semmelbrösel bestreuen

52.Königinnen Suppe

Zutaten :   1 L Brühe gekocht von Kalbsknochen und 125 g Kalbsfleisch

Als Einlage : Blumenkohlröschen, Spargelköpfe, Fein geschnittene Fleischwürfel oder Fleischklößchen.

<u>Viele nennen sie auch Hochzeitssuppe</u>

53.Senfsoße

Zutaten :   40 g Fett

            40 g Mehl

            1/2 l Wasser

            Salz nach Geschmack

            1-2 EL. Senf

            Pfeffer und Zucker

Zubereitung :

In die erhitzte Fettmenge gibt man das ganze Mehl , läßt es schwitzen und gibt langsam von der Flüssigkeit hinzu, läßt alles nochmal aufkochen und mit Salz und Pfeffer abschmecken .

Zu hartgekochten Eiern oder Fisch

Mein Tipp :

Nimm einen milden Senf und als Fett Butter und das Wasser mit Milch mischen.

Mit einer Mehlschwitze kannst du jederzeit schnell für ALLE Gerichte eine Soße oder Suppe zaubern. Schau bei den Grundrezepten

54. Die super leichte Kürbissuppe
Das richtige Gericht zum Ernte Dank Fest oder wie man Heute sagt

Halloween

Hokkaido Kürbis, Wurzeln, Porree
zu gleichen Teilen

Rinderbrühe (Glas oder Würfel)

Der Kürbis muss nicht geschält werden, nur die Kerne entfernen und in Würfel schneiden. Alles in der Brühe sehr gar kochen.

Kräftig abschmecken mit zerdrücktem Knoblauch, Pfeffer, Salz und Kurkuma.

Dazu Ciabatta-Brot und Flammkuchen

Geht super schnell und du bist wunderbar gerüstet um Gäste zu empfangen. *Federweißer oder Fliederbeersaft runden das ganze ab*

55.Quer durch den Garten

Nannte meine Mutti dieses sicher noch immer
aktuelle Sommersüppchen

Da kommt alles Gemüse rein was der Garten oder
Wochenmarkt hergibt.

Auf Ochsen-Rippe oder nur mit Brühe gekocht
ein Gedicht

Mit Nudeln , Reis , oder wie ich ,
am liebsten mit einem Brötchen

Meine Geburtsstadt

Der **Bezirk Altona** (niederdeutsch: Altna/Altona) ist der westlichste der sieben Bezirke der Freien und Hansestadt Hamburg.[3] Er ist größtenteils identisch mit der bis 1938 selbständigen Stadt Altona – abgesehen davon, dass Eidelstedt und Stellingen-Langenfelde heute zum hamburgischen Bezirk Eimsbüttel gehören und der Grenzverlauf zu St. Pauli einige Veränderungen erfahren hat.

Rathaus Altona
Hier habe ich 1968 geheiratet
Mit Erlaubnis meiner Eltern,
denn ich war erst 16

*Jetzt durfte ich sogar bis Mitternacht in die
Disco, aber nur mit Heiratsurkunde
und meinem Ehemann.*

*Und zur Wahl gehen durfte man erst mit 21.
Erst am 22.März 1974 wurde die Volljährigkeit
von 21 auf 18 J geändert.*

Da war mein Sohn schon 2 Jahre alt.

So ändern sich die Zeiten

*Landungsbrücke Hamburg
Mein Spielplatz erstreckte sich von
Övelgönne bis Landungsbrücke*

Teil 3 Fischgerichte

56.Fischfilet

Das Fischfilet kurz waschen,
Sind noch Gräten zu fühlen, mit einer Pinzette
lassen sie sich leicht raus ziehen.
Mit Zitronensaft oder Essig beträufeln.   Einzie-
hen lassen. Leicht salzen, etwas Pfeffer. In Semmelmehl panieren und in heißem Fett braten.

57.Grundrezept für Fischteig (Fischfrikadelle)

Zutaten :   2-4 Brötchen
1 Ei
1 TL. Salz
1-2 Zwiebeln
Pfeffer

Zubereitung :
Das Weißbrot einweichen und sehr gut ausdrücken. Die Zwiebeln sehr fein hacken. Das Fischhack wird mit den Zutaten gemischt. Wir formen mit nassen Händen Frikadellen. Man kann sie auch in Semmelmehl wenden oder auch so braten.

Mein Tipp:
Wenn du noch keinen Fleischwolf hast, kann der Fisch auch in heißem Wasser gar ziehen. Nicht zu lange und nicht kochen. Sonst verliert er zu sehr an Geschmack.

Sehr sorgfältig die Gräten entfernen

58.Kochfisch

Der Fisch wird gewaschen, ausgenommen und
geschuppt. Leicht salzen
Zutaten für das Wasser :
1 EL. Salz, 1 Zwiebel, Pfefferkörner, Lorbeerblatt,
2-3 EL. Essig.
   Aufkochen lassen,   dann den Fisch reinlegen,
       nicht mehr kochen !
ca. 45 Min. ziehen lassen.
Der Fisch ist gar wenn sich eine Flosse bequem
raus ziehen lässt.
Der Fisch wird auf einer heißen Platte angerichtet.

59.Fisch-Hack-Braten

Zutaten :   500g Filet
               40g Speck
               etwas Senf
               eine Zwiebel
               etwas Dosenmilch
Zubereitung :
Filet säubern, salzen, säuern,
Fisch und Speck grob würfeln und 2x durch den
Fleischwolf drehen.
Die Milch dazu und den Teig solange schlagen
bis er sich von der Schüssel löst.
Einen Hackbraten oder Frikadellen formen. Im
Ofen Backen oder Pfanne braten

60. Gefüllter Fischbraten

Zutaten: 1 kg Seelachs
1/8 Speck
eine kl. Dose Kondensmilch
1 gehackte Gewürzgurke
1 gehackte Zwiebel
Zitronensaft
etwas Salz und Senf
gehackte Petersilie
2-3 EL. Semmelbrösel

Zubereitung : Das Fischfilet säubern, salzen, säuern

Die Füllung aus Speck, Zwiebeln, Milch, Senf, Petersilie, abschmecken.

Auf eine Grillpfanne oder Auflaufform einen Teil Fisch legen die Füllung drauf dann den Rest Fisch bestreichen, Butterflocken drauf und Semmelbrösel drüber streuen. Ca. 25 Min mit Oberhitze backen.

Platz für Notizen
_____
_____
_____
_____
_____
_____
_____

61.Norweger Fischpudding

Zutaten: 1 kg Fischfilet,
     2 Eigelb
     1/8 Speck
     1/8 L Milch oder Sahne
     3 EL Mondamin
     Salz, Pfeffer, Zitronensaft,
       gehackte Petersilie

Zubereitung :
Fisch säubern, salzen, säuern Mit dem Speck
und der Petersilie 2x durch einen Fleischwolf
drehen
Ei, Milch und das Mondamin untermengen. Eischnee schlagen und zuletzt untermengen. In
eine Pudding oder „Dicker Hans" Form geben
und im Wasserbad ca. 1 Stunde kochen.

*Du möchtest die Majo selber machen ? Dann
schau bei den Grundrezepten nach.*

Majonäse kann in Portionen variiert werden
Z.B. mit :
     Tomatenmark
     Knoblauch
     Gewürzgurken
     Kapern
     Kräuter
     Senf und Chili
     Zwiebeln
     gehacktes Ei

62.Fisch- Abendbrot- Gericht

Gedämpfter Fisch mit verschiedenen Remouladen. Auf einem Apfelbett oder grünem Salat angerichtet

1,5kg Schellfisch dämpfen , zerpflücken und auf ein Apfel- oder Salatbett das mit Zucker und Zitronensaft vorbereitet wurde verteilen.

Majonäse von 2 Eiern anrühren und mit 1/4 L Milch, Öl, etwas Tomatenmark, 1 Hartgekochtes Ei, Gewürzgurke, Kräuter, Tomaten, Senf, Zucker, Salz und Zitronensaft abgeschmeckt wird. Diese Soße auf dem Fisch verteilen.

Dazu frisches Brot reichen.

63.Krabbensalat

250g gepulte Krabben
250g kleine gekochte Nudeln
2 Gewürzgurken
2-3 Äpfel
Majonäse , mit Kräutern, Zwiebeln, Zucker, Salz, Senf, Essig, Pfeffer

Ich mag die Krabben am liebsten nur in Majonäse

64.Bratheringe

8 grüne Heringe mit Zitronensaft beträufeln ,
salzen und in Mehl wenden.
In heißem Fett braten.
Den Sud :   ½ L Wasser   1/4 L Essig
Zucker, Salz, Lorbeer , Zwiebeln, Pfefferkörner .
Alles aufkochen , abkühlen lassen und über die
gebratenen Heringe gießen.
Mindestens 24 Std. ziehen lassen.

65.Warmes Fischgericht

Zutaten :   250g Makkaroni kochen
                  250g Räucherfisch zerpflücken
Zubereitung : Makkaroni mit dem Fisch mischen. Eine Tomatensoße übergießen oder Ei
mit Milch und Salz verschlagen und übergießen.
Mit Butterflocken und Käse abdecken und überbacken.

Eigene Idee ? _____

_____

_____

_____

_____

_____

_____

67.Salzheringe einlegen
Zwei Rezepte von Elke aus Brunsbüttel

Die Salzheringe sauber machen und
24 Stunden wässern
Einen Sud bereiten aus 1 Tasse Essig und 2 Tassen Wasser viele in Scheiben geschnittene Zwiebeln , 2 -3 Lorbeerblätter 2 Nelken, Pfefferkörner Salz und Zucker.
Aufkochen lassen und abschmecken.
Der Sud sollte nicht zu sauer aber auch nicht zu milde sein.   Du wirst ein Gefühl dafür bekommen.
Den gewässerten Fisch in Stücke schneiden und den **abgekühlten** Sud drüber geben
1-2 Tage stehen lassen.

68.Bismarkhering

Grüne Heringe (frisch gefangene Heringe)
 sauber machen und die Gräte raus trennen.
(ich lasse die Gräte)
Den gleichen Sud zubereiten wie für Salzhering aber **noch kochend** über den Fisch geben und ziehen lassen.
Willst du Rollmöpse machen ? Dann ein Stück Gurke und Zwiebel einrollen und mit Stäbchen feststecken., dann den Sud übergießen

Danke Elke, für diese Rezepte.

69.Fisch vom Grill

Ganze gesäuberte Fische, z.B Forelle, Dorade oder Hering

Haut leicht einritzen und gut mit dem Grillöl (s. Rezept) und groben Salz würzen. Auf den gut geölten heißen Grill oder einer Grillplatte legen. Einmal wenden .

Würz-Öl für Grillgut

½ Flasche Rapsöl ½ Flasche Olivenöl
Frische oder getrocknete Gewürze wie : Thymian, Oregano, Knoblauch,

Für ein schnelles Öl kannst du auch getrocknete Kräuter nehmen, wird dann aber nicht so intensiv

Im Kühlschrank gut haltbar. Gewürze müssen immer vom Öl bedeckt bleiben, sonst werden sie schlecht.

Teil 4 Salate & Beilagen

Kennst du sie ?
Die Super Schlank Kräuter

<u>Salbei</u> *stoppt die Lust auf Schokolade*
<u>Kresse</u> *fördert das Sättigungsgefühl*
<u>Basilikum</u> *entwässert*
<u>Petersilie</u> *fördert den Fettabbau*
<u>Minze</u> *entspannt Magen und Darm*
<u>Thymian</u> *schützt vor Appetit-Attacken*
<u>Kerbel</u> *entschlackt*
<u>Löwenzahn</u> *entgiftet sanft*
<u>Schnittlauch</u> *steigert den Kalorienverbrauch*

70.Tomaten-Brot-Salat
<u>Überliefert von Ingrid aus Großkaro</u>
Zutaten für 4 Personen:

160 g Baguette
2Knoblauchzehen
Frischen Thymian
4 Essl. Olivenöl
120 g Rauke
400g Kirschtomaten
4 Essl. Balsamico Essig
Salz und Pfeffer
100g Salami in hauchdünnen Scheiben
Basilikum Blätter
Zubereitung:
Das Brot in hauchdünne Scheiben schneiden. Knoblauch schälen und durch eine Presse drücken. Thymian waschen, gut abtrocknen und die Blätter abzupfen.
2 EL Olivenöl in einer Pfanne erhitzen und das Brot mit dem Knoblauch anrösten,
Thymian dazu geben. Kurz schwenken und auf Küchenkrepp abtropfen lassen.
Rauke waschen und zerkleinern, Tomaten halbieren
Balsamico , Salzen und Pfeffern . 2 EL Olivenöl unterschlagen.
Alle Zutaten in eine Schüssel mischen und die Vinaigrette drunter heben.
Sofort Servieren.
Statt Baguette kann auch Toastbrot in Würfeln an geröstet werden.
Danke für dieses Rezept Ingrid

71.Salattunke

<u>Zutaten:</u>   2 EL. Öl
Zitronensaft oder Essig
1 EL. gehackte Kräuter
Etwas Salz und Pfeffer
Zucker - süßlich abschmecken

72.Bohnensalat

Zarte Bohnen oder Wachsbohnen in Salzwasser
gar kochen. Man bereitet aus dem Gemüsewas-
ser mit Essig, Zucker, gehackten Zwiebeln, etwas
Öl und Petersilie eine Marinade.
Über die Bohnen gießen und kalt stellen.

73 .Kürbis süß-sauer

2 kg Kürbisfleisch,
1 1/4 L Wasser, 1 1/4 L Essig , 1 kg Zucker, Saft
und Schale einer Zitrone, 1 Stück Zimt, 3 Nelken
alles einmal aufkochen.
Kürbis in Würfel schneiden den Sud drüber gießen und einige Stunden Stehen lassen . Sud abschmecken (nicht zu sauer) Alles Aufkochen
Kürbis sollte Bissfest bleiben. Ohne die Nelken
in Gläser füllen, fertig.
*Mein Tipp : Mit diesem Aufguss lassen sich
auch Gurken einlegen.*
*Und,   kleinere Kürbisse genau wie Zucchini
schmecken besser*

74.Rotkohlsalat

500g Rotkohl fein hobeln und in einer Schüssel mit einem Kartoffelstampfer Stampfen, bis der Rotkohl glasig ist. Mit einer Salatsoße die mit Zucker abgeschmeckt ist, an mengen.
Hält sich einige Tage im Kühlschrank

75.Curry Tunke

Mehlschwitze mit etwas Zitronensaft, Salz , priese Zucker, etwas Senf, und Curry abschmecken.

Abgekühlt servieren

76.Dänischer Salat

100g Makkaroni in Salzwasser gar kochen.
1 Dose Erbsen und Wurzeln
125 g gekochter Schinken , klein geschnitten
Mit Majonäse (Grundrezept) Pfeffer u. Salz abschmecken.

77.Heringssalat

Zutaten :   500g Kartoffeln
2 Salzheringe. (gut Wässern)
1 saure Gurke
1/2 Pfund Äpfel
1 Zwiebel
2 Eßl Öl
2 Eßl Essig
Etwas Zucker

Zubereitung :
Alle Zutaten in kleine Würfel schneiden, mit Essig & Öl mischen. durchziehen lassen. Nach Geschmack mit Majonäse , gekochtem Ei, Kapern, Verfeinern / Verzieren.

78.Waldorf - Salat

250g Äpfel,
1-2 Saure Gurken,
250g Pellkartoffel ,
250g gekochter Sellerie,
1 EL gehackte Nüsse
Öl, Essig, Senf, Salz, Pfeffer.
Auf Wunsch mit Majonäse verfeinern

79.Italienischer Salat

Zutaten : 500g Wurst, Fleisch
oder Schinken- Reste
Saure Gurken
1-2 hartgekochte Eier
2 Äpfel
1/2 gekochte Wurzel und ein
Stk gekochte Sellerie

Zubereitung

Eine Tunke aus : 1 Eigelb, 1 EL Mehl, 1/4L Milch,
2 EL Öl, 2Eßl Essig,
1Teel Senf, Salz, Zucker, Pfeffer wer mag Majonäse .
Die Zutaten in feine Streifen schneiden und in
die Tunke darüber geben.

Probiere doch das mal :

Statt Essig eine ausgepresste Zitrone.

Puderzucker statt Zucker

Saure Sahne mit viel frischem Dill

Buttermilch mit Zucker

80. Nudelsalat
Nudeln Wickli oder Hörnchen kochen.

In das Kochwasser 1-2 Brühwürfel
Paprika ? Salz, Pfeffer, Chili? Knoblauch?
Sind die Nudeln noch bissfest, 1 Päckchen
gefrorene Erbsen und Wurzeln kurz mitkochen.
Nudeln dürfen nicht zu weich gekocht sein,

Abgießen. Gut abkühlen lassen Majonäse dazu,
fertig.

Hier ist Platz für Dein Salat Rezept ?

_____

_____

_____

_____

_____

_____

_____

_____

_____

1951

1.1.　**Hat** der Bundeskanzler Theodor Heuss unsere Nationalhymne vorgestellt. Ein ganzes Jahr später hat er sich für die dritte Strophe ausgesprochen.
Geschrieben wurde das Lied von August Heinrich Hoffmann von Fallersleben.
Seit 1991 besteht die Nationalhymne ausschließlich aus der dritten Strophe
Die Melodie komponierte Joseph Haydn im Jahr 1796/97. und entstammt dem „Kaiserlied"
Gott erhalte Franz, den Kaiser

5.1.　**Die** deutsche Olympische Gesellschaft wird gegründet

15.4.　**Das** erste SOS Kinderdorf wird in Imst in Tirol eröffnet

5. Teil Süßspeisen

Süßspeisen können mehr Arbeit
machen als ein Hauptgericht.
Ich drücke mich da gern.
Aber manchmal gehört es zu
einem guten Essen.
Und unsere Leckermäulchen
sind da auch nicht zu unter-
schätzen

Vorweg einige Tipps für
(der bequeme weg)
schnelles Gelingen

Pudding aus der Tüte kannst du verfeinern wenn du ihn mit Sahne kochst und mit einem fest geschlagenen Eischnee in die kochende Masse Löffelweise vorsichtig unterrührst.

Das gilt auch für Fruchtpudding, der mit Wasser gekocht werden soll.

Zauber eine Fruchtsoße in dem du von einer Fruchtkonserve den Saft in einen Topf abgießt. und mit 1-2 TL Speisestärke andickst und aufkochen lässt. Die Früchte pürieren und in die heiße Flüssigkeit geben.
Nimm einen Löffel voll und stelle ihn in den Kühlschrank, dann merkst du schnell
ob noch Flüssigkeit dazu muss. Soll ja eine Soße sein.

Bereite einen feinen Grießbrei und gebe die Fruchtsoße dazu. Oder probier mal das :

81.Spanischer Wind
Zutaten : 2 Eiweiß
75-100g Zucker

Zubereitung : man schlägt das Eiweiß und gibt nach und nach den Zucker zu, bis es steif ist.

82.Grießbrei

Zutaten :   1 L Milch
             100 g Grieß
             30-40 g Zucker
             Vanille
             Zitronenschale
             1 priese Salz

Zubereitung : Die Milch wird mit Salz aufgekocht, der Grieß wird angerührt und in die heiße Milch gerührt. Dann die Suppe mit dem Zucker abschmecken .

83.Haferflockensuppe

Zutaten: 1 L Wasser
             1 Priese Salz
             50 g Haferflocken
             Schale und Saft einer Zitrone
             Obstsaft

Zubereitung: Wasser und Zitronenschale aufkochen. Die Haferflocken zugeben u. 10-15 Min. Quellen lassen. Mit Zucker, Zitronensaft und Obstsaft abschmecken.

Mein Papa bekam jeden Morgen eine Haferflockensuppe bevor er zu Arbeit ging
Mutti hat sie Abends vorgekocht.

84. Milchsuppe

Zutaten :   1 L Milch,
1 Prise Salz
50 g Grieß
20-30 g Zucker

Zubereitung : _Die Milch wird mit Salz aufgekocht, der Grieß wird angerührt und in die heiße
Milch gerührt. Dann die Suppe mit dem Zucker
abschmecken ._

85.Rote Obstgrütze

Zutaten :   1 L Flüssigkeit
1/2 Pfd. Obst
100 g Kartoffelmehl
Zucker nach Geschmack

Zubereitung : Das Obst wird gewaschen und im
Wasser weichgekocht. Evtl. durch ein Sieb drücken. Der Obstsaft wird mit dem Kartoffelmehl
angedickt.
Wir füllen die Grütze in eine ausgespülte Schüssel und lassen sie erkalten.
Dazu wird Milch oder Vanillesoße gereicht.

86.Buttermilch Suppe

Zutaten :   1 L Buttermilch
                 1/2 Zitronenschale
                 1/2 Stange Zimt
                 35g Mehl
                 20-30g Zucker

Zubereitung : etwas Milch mit Mehl glatt rühren, Zitrone u.s.w. Von Anfang an auf kleiner Flamme rühren und aufschlagen.

87.Buttermilchspeise

Zutaten :   1/2 l Buttermilch
                 50-75g Zucker
        abgeriebene Schale und Saft einer Zitrone
                6 Blatt rote Gelatine

Zubereitung : Buttermilch mit Zitrone und Zucker abschmecken und die eingeweichte Gelatine zu geben , abkühlen lassen.
Dazu schmeckt Vanillesoße.

88.Süßer Auflauf

Zutaten :   1 L Milch
200-300g Reis
etwas Salz
Vanillezucker
70g Zucker
50g Mandeln
3-4 Eier
Semmelmehl
30-40g Butter
evtl. Zitronenschale

Zubereitung : Milch, Salz und Reis aufquellen .
Zucker, Eigelb und Zitrone schaumig rühren und
unter den abgekühlten Teig rühren . Zuletzt ge-
schlagenes Eiweiß darunter ziehen, mit Butterflocken, Mandeln und Semmelmehl bestreuen
1 - 1 1/2 Std bei Mittelhitze backen.

89.Einfacher süßer Quark

Zutaten: 250g Quark
1/8 L Milch oder Sahne
30g Zucker
1 P Vanillezucker

Zubereitung : Der Quark wird durch ein Sieb
gedrückt, mit Milch oder der Sahne verrührt
und schaumig gerührt.
Mit Früchte oder Schokolade verfeinern.

**Mein Tipp: Mit dem Mixer wird der Quark
auch schön fein. Dann brauchst du das Sieb
nicht**

90.Warmer Pudding

Grundregeln: Wir benutzen zum kochen immer eine gut ausgefettete, schließende Form, die nur 3/4 gefüllt sein darf. Das Wasser muß kochen, wenn die Form rein kommt. Alle Auflaufrezepte eignen sich auch als warmer Pudding

Zutaten :   1/2 L Milch

1 Prise Salz

125g Grieß

60g Zucker

2-3 Eigelb

2-3 Eiweiß

etwas Zitronenschale

Beim Auflauf kann man auch rohes oder weichgekochtes Obst in einer Schicht dazwischen füllen

91.Mehlpudding (einfach)

Zutaten :   4 Eigelb

50-80g Zucker

1 Zitrone

1 Pfd Mehl

3/4 L Milch

etwas Salz

60g Rosinen

1/2 P. Backpulver

4 steife Eiweiß

Der „Dicke Hans" ist für ein Wasserbad gedacht, du kannst auch eine höhere Backform nehmen dann aber den Topfdeckel auflegen

92.Brotauflauf oder Semmelpudding

Zutaten :   1 L kochende Milch
1 Prise Salz
8-9 Brötchen
1 Zitrone
1 Vanillezucker
500g Zucker
3-4 Eigelb
3-4 Eiweiß
1 Backpulver
Semmelmehl und Fett für die Form
Siehe dazu Grundausstattung

Die „ Dicker Hans" Form, (eine Backform mit Deckel) ist ziemlich aus der Mode und nur noch ich gut sortierten Haushalts Geschäften zu bekommen.

93.Quarkpudding

Zutaten :   50g Fett
250g Quark
150g Zucker
1 Ei
1/8 L Milch
250g Grieß
1 Zitrone
1/2 P Backpulver
Alles langsam erhitzen, gut rühren, dann kalt stellen

94.Vanilleeis 1

1 Päck. Soßenpulver Vanille
1/2 Päck. Puddingpulver
1/2 L Milch
75g Zucker
1/2 Vanilleschote
Zusammen kochen , kalt rühren , dann in eine
Eismaschine

Vanilleeis 2

1 gestrichener EL Gustin
2 Eigelb
75g Zucker
1/2 Vanilleschote
1/2 L Milch
Zusammen kochen , kalt rühren , dann in eine
Eismaschine

95.Eis-Vanille

1/2 L Milch,
1 Ei, 3 Esslöffel Zucker,
1/2 Vanilleschote,
1 gestrichener EL. Gustin oder 1 Vanille Puddingpulver.
Zusammen kochen , kalt rühren , dann in eine
Eismaschine

96.Schokoladenpudding

Zutaten :   1/2 Paket Schokoladenpudding
2 EL. Kakao
1/2 L Milch
100g Zucker
1 Vanillezucker

Alles zusammen kochen, gut mit dem Schneebesen , auch während des erkalten, gut aufschlagen

Eine Idee?
_____
_____
_____
_____
_____

97.Einfache Holsteiner Mehlklöße

Zutaten :   1/2 Pfd. Mehl
1 TL. Salz
1 EL. Heißes Fett
1-2 L kochendes Salzwasser

Zubereitung :
Das Mehl wird in eine vorgewärmte Schüssel gesiebt, mit dem Salz vermengt und mit soviel kochendem Wasser aufgebrüht und gut durch gerührt, das die Masse zusammen hält. Mit nassen Händen kleine Klößchen formen und im kochenden Salzwasser garen.

98.Aprikosencreme

Zutaten: 250g getrocknete Aprikosen
             1 1/2 L Wasser
             50g Zucker
             15g Speisestärke
             250g Sahne

Zubereitung :
Eingeweichte Aprikosen zu Mus kochen, durch ein Sieb streichen.
Die Masse nochmals aufkochen.
Das Stärkemehl mit etwas Flüssigkeit glatt rühren und in die Masse nochmals aufkochen und mit Zucker abschmecken.
Nach dem Abkühlen die steif geschlagene Sahne unterrühren.

99.Gekochte Quarkcreme

Zutaten :   200g Quark
                25-50g Zucker
                1 Päck. Vanillesoße
                1/4 L Milch
                20g Speisestärke
                2 Eigelb
                2 Eischnee
                1 Prise Salz
                Schokolade zu verzieren

Zubereitung :

alles zusammen erhitzen, zuletzt das Eischnee drunter heben

100.Armer Ritter

Zutaten :   12 Scheiben Weißbrot
1/4. - 1/2 L Milch
1-2 Eier
20g Zucker
etwas Zitronenschale
60g Semmelmehl zum Panieren
80-100g Fett zum braten
50 g Zucker mit Zimt zum bestreu-
en

Zubereitung :
Milch, Eier und Gewürz verschlagen und die
Scheiben darin einweichen, in Semmelmehl
wenden und in heißem Fett braten.

101.Quark-Auflauf

Zutaten :   50-60g Fett
3-4 EL. Zucker
3-4 Eigelb
3-4 Eischnee
Schale und Saft einer Zitrone
700 g Quark
100g Mehl
1/2 L Milch

Alle Zutaten zusammen rühren. Zuletzt den Eischnee vorsichtig unter heben
In eine gebutterte Auflaufform bei mittlerer Hitze aus backen .

102.Fruchtsülze

1 kg gemischtes Obst, frisch oder eingekocht
1/2 L Saft
Zucker nach Geschmack
6-8 Blatt Weiße oder Rote Gelatine
Gelatine einweichen, aufkochen In die Schüssel schon eine kleine Menge abkühlen lassen. Dann die Früchte schichtweise aufeinander geben bis die Flüssigkeit verbraucht ist. Ca. 12 Stunden erstarren lassen. Dann die Schüssel etwas erwärmen und die Fruchtsülze auf eine Platte stürzen.

103.Welfenspeise

Zutaten 1.   :   1/2 L Milch
45g Speisestärke
1 Pk Vanillezucker
4 Eßl Wasser
3 Eiweiß

Zubereitung : Aus den *Zutaten 1*) eine Creme kochen. Die steifgeschlagenen Eiweiß drunter ziehen

Weinschaum :   3 Eigelb,
1/8 L Weißwein oder Apfelmost
50gZucker
Saft einer halben Zitrone

Zubereitung **2** im heißen Wasserbad eine Schüssel stellen und alle Zutaten verschlagen. Den Weinschaum über die weiße Creme geben

103.Mousse au Chocolat

<u>Zutaten</u> : 200g Zartbitter Schokoladen
5 Eiweiß
2 EL Zucker
250g Sahne
Abgeriebene Schale einer
ungespritzten Orange
½ TL. feines Kaffeepulver
1 priese Salz

<u>Zubereitung</u>:

Die Schokolade zerkleinern, in einem Topf mit
der Orangenschale und dem Kaffeepulver zum
schmelzen bringen.
Eiweiß mit dem Zucker und der priese Salz steif
schlagen.
In einem anderen Gefäß die Sahne steif schlagen.
Sahne und Eischnee vermischen und mit der abgekühlten aber noch flüssigen Schokolade verrühren.

Über Nacht im Kühlschrank fest werden lassen

Klassische

Grundrezepte

104.Grundrezept :
helle und dunkle Mehlschwitze

Zutaten :   20 - 40 g Fett
20 -40 g Mehl
1/2 bis 1 L Milch oder Gemüsesaft
Butter oder Margarine im Topf erhitzen.
Mehl mit dem Schneebesen einrühren.
Langsam Flüssigkeit mit dem Schneebesen dazu rühren.
Soviel Flüssigkeit bis die gewünschte Konsistenz erreicht ist.
Mit Salz abschmecken

Mit Tomatenmark , Paprikapulver und Salz ergibt es eine leckere Soße zu Geflügel oder Nudeln.
Mit Zuckercouleur zauberst du eine braune Soße die mit Zitrone oder Kräuter oder Pilze oder Paprika verfeinert werden kann.
Ohne Zuckercouleur mit Sahne und Butter, evtl. ein Spritzer Zitrone, bekommst du eine Soße die Wunderbar zum Gemüse passt.
Mit viel Petersilie kannst du Pellkartoffeln in Scheiben geschnitten dazu geben

105.Hefeteig Grundrezept

Zutaten :   500g Mehl

20-30g Hefe

50g Zucker

50g Fett

1 / 8 - 1 / 4 L Milch

1/2 TL. Salz

Zubereitung : Hefe und Zucker zu einer flüssigen Masse rühren.

In das Mehl eine Vertiefung drücken und die Flüssigkeit hineingeben.

Mit etwas Milch einen Vorteig anrühren und den Teig bei mäßiger Wärme gehen lassen. Die anderen Zutaten dazugeben und mit Mehl einen festen Teig kneten bis er nicht mehr klebt. Den Teig formen und nochmals gehen lassen.

106.Grundrezept Majonäse :

2 Eier, 1/4 L Salatöl,

1 Teel. Essig oder Zitronensaft

Zutaten sollten die gleiche Zimmertempera-tur haben

Zubereitung : Die Eier zuerst in einem Mixtopf aufschlagen. Salz , Pfeffer und den Zitronensaft hinzugeben.   Nun das Öl und sofort den Mixer eintauchen und dann hohe Stufe aufschlagen. Mixer erst hochziehen wenn die Masse fester wird.

Dann den Mixer gaaaaanz laaaangsam hochziehen.

Als Öl geht auch Rapsöl, Olivenöl, Kräuteröl-Varianten

109.Grundrezept Grießklößchen

250ml Milch , zwei Eigelb.,. 25g Grieß , Eischnee

Zubereitung:
Milch kochen und Grieß darin aufkochen.
Die Eigelbe in die heiße aber nicht kochende
Masse geben und kräftig aufschlagen damit das
Ei nicht gerinnt.
Leicht weiter erhitzen dann Löffelweise das Ei-
schnee drunterheben und stocken lassen.

110.Baiser Grundrezepte
Für 60 Portionen brauchst du
4 Eiweiß und 200g Zucker

Eiweiß steif schlagen und nach und nach den Zucker darunter heben.
Auf höchster Stufe so lange schlagen bis das Eiweiß nicht von allein aus dem Topf fällt.

Ofen vorbereiten Heißluft ca. 100 Grad
Ober- und Unterhitze ca.   120 Grad
Backblech mit Backpapier auslegen
Kleine Portionen mit Hilfe von zwei Löffeln
oder einem Spritzbeutel verteilen
*ca. 70 Min. backen. Die Oberfläche soll nur leicht
hellbraun werden*

Kuchen , Gebäck &
Herzhaftes

Wenn Mutti gebacken hatte,
wollten wir natürlich die Schüssel
aus schlecken.
Erbarmungslos hat sie uns erzählt,
wir werden ganz dolle Bauchweh
kriegen , von der Nascherei.

Und wenn sie Zitronen für den
Kuchen brauchte, haben wir die
ausgedrückten Zitronenhälften mit
Zucker randvoll machen dürfen, da
hatte Mama wohl keine Angst mehr
um unseren Bauch.
Meine Schwestern und ich waren
glücklich,   über diese Leckerei.

110. Backpulver-Kuchen

Zutaten :   ¼ Pfd Butter
200 g Zucker
3-4 Eier
500g Mehl
1 ganzes Pk Backpulver
etwas Milch und
Geschmacksaroma nach Wahl
geriebene Zitronenschale
1/4 Pfd Korinthen , Rosinen,
oder Schokoplätzchen
Nüsse, Mandeln, Succade, Rum

Zubereitung :
Butter, Zucker, Eier   schaumig rühren
Mehl und Backpulver mischen, einrühren.
Dann die restlichen Zutaten einrühren,
so lange bis sich Luftblasen bilden.
Backform gut einfetten.
In den Vorgeheizten Backofen
 Mittelhitze ca. 60 Min.

Teig reicht auch für 2 Springformen oder ein
Backblech.   Mit Früchte belegen.

Tipp:
ein Holzstäbchen einstechen, wenn nichts kle-
ben bleibt ist der Kuchen fertig.

111. Windbeutel. (Brandteig)

<u>Zutaten:</u>

> 1/4 L Wasser ,
> 50 g Butter,
> 4-5 Eier,
> 1 TL. Backpulver

<u>Zubereitung</u>

Zutaten in einem Topf erhitzen bis eine feste Masse entsteht. Ständig mit dem Schneebesen aufschlagen.
Die in Tupfen auf Backpapier oder gefettetes Backblech setzen und mit starker <u>Unterhitze</u> goldgelb ausbacken.

Nach dem Abkühlen das Häubchen abschneiden und füllen.
Süß mit Schlagsahne oder
Herzhaft mit Käse oder Fleischcreme

112.Hefeteig

Zutaten :   500g Mehl
               20-30g Hefe
               50g Zucker
               50g Fett
               1 / 8 - 1 / 4 L Milch
               1/2 TL. Salz

Zubereitung :

Hefe und Zucker zu einer flüssigen Masse rühren.

In das Mehl eine Vertiefung drücken und die Flüssigkeit hineingeben.

Mit etwas Milch einen Vorteig anrühren und den Teig bei mäßiger Wärme (Zimmertemperatur) gehen lassen. Die anderen Zutaten dazugeben .Mit Mehl bestäuben, einen festen Teig kneten bis er nicht mehr klebt. Den Teig formen und nochmals gehen lassen.

113.Hefeklöße

Zutaten :   500g Mehl
               30-40 g Hefe
               1/4 - 1/8 L Milch
               40-60g Fett
               1 Tel. Salz
               40-60g Zucker zum bestreuen
               etwas geriebene Semmel
               Zimt

Zubereitung : Wie Hefe Grundteig , aber kleine Klöße formen in Fett ausbacken, in Zucker mit Zimt bestreuen oder rollen.

114.Gedeckter Apfelkuchen

Zutaten : 300g Mehl
2 gestr. TL. Backpulver
100g Zucker
1 P. Vanillezucker
1 Eiweiß
etwas Milch
150g Butter oder Margarine

Füllung : Mus von 1 Kg Äpfel , 2 EL Zucker ,
etwas Zimt , Rosinen.

Zum bestreichen 1 Eigelb und 1 Eßl. Milch

Zubereitung :

Knetteig herstellen, ruhen lassen (kalt stellen)
Knapp die Hälfte des Teiges ausrollen, in eine
Springform füllen und mit einer Gabel einstechen. Einen Rand herum legen und
hellgelb backen. Bei 150grad ca. 15 Min.
Dann die Füllung hinein geben und mit dem
restlichen Teig ein Gitter legen oder einen ganzen Deckel auflegen.

115.Birnenteig (Hefegrundrezept)

Eine Auflauf- oder Kuchenform mit dünnen
Speckscheiben belegen.. Den Teig hineingeben
und gehen lassen. Obendrauf Birnen und Speckscheiben legen und im Ofen bei Mittelhitze goldgelb backen.. Dazu passt Birnen-Apfelkompott.

116.Spritzgebäck

Zutaten :   100g Fett
                100g Zucker
                1 P Vanillezucker
                1 Ei
                250g Mehl

Zubereitung :
Das Fett schaumig rühren, Zucker und Ei dazu geben. Das Mehl hinein sieben und kalt durchkneten.
Durch einen Teigwolf oder Spritztüte , in S-Form oder Kringel auf ein Backblech . Bei starker Hitze in 10-15 Min. Goldgelb backen.

117.Bienenstich

Ein Hefegrundrezept von 500g Mehl.
Belag : 200g Mandeln, 100g Fett, 200g Zucker, 2 Eßl. Milch, 1 Vanillezucker
Einmal aufkochen lassen
Der Teig wird auf ein Blech gerollt und zum Gehen gebracht

Füllung wie beim Frankfurter Kranz (Rezept118)

118.Frankfurter Kranz

Zutaten :   100g Fett
             150 g Zucker
             3 Eier
             Zitronenaroma
             150g Mehl und 50g Speisestärke
             1/2 P Backpulver

Aus diesen Zutaten einen Rührkuchen ausbacken

Den fertigen Kuchen in drei Böden teilen

Buttercremefüllung:

1 Päckchen Vanillepudding

100g Zucker

½ l kalte Milch

200g Butter oder Margarine

Zubereitung:

Vanillepudding wie auf der Packung angegeben zu bereiten.

Abkühlen und immer wieder gut durchrühren.

Die Butter oder Margarine schaumig rühren und nach und nach den abgekühlten Pudding unterrühren. Die cremige Masse auf die Kuchenscheiben verteilen.

Restliche Creme außen auf den Kuchen geben und mit Krokant verzieren

Kühl stellen.

Mein Tipp : Um den Kuchen zu zerteilen hilft ein Zwirnsfaden der um den Kuchen gelegt wird, das die Enden überkreuzen und vorsichtig durch ziehen.

119.Kekskuchen (Kalter Hund)

Zutaten :   250g Balsen Butter Kekse
              250g Palmin (Kokosfett)
              2 Eier
              2 EL Milch
              125g Zucker
              6 EL Kakao

Zubereitung :
Die Zutaten, außer der Kekse, erwärmen und zusammenrühren. Nicht zu heiß! Dann Kekse und Masse abwechselnd Schichten .

Tipp:
die Backform mit Frischhaltefolie auslegen

Woher der Name „KALTER HUND"
stammt........?
Keine Ahnung. Ich weiß nur das :
obwohl er schrecklich viele Kalorien hat und
so Fett ist,- auf jeder Feier, für Jung und Alt ,
ist er
ein Renner

Wichtig: *Einen Tag vorher zubereiten und in*
den Kühlschrank stellen.

121.Schmalznüsse

Zutaten :   500g Schmalz
             500g Zucker
             1 Stange Vanille
             60g gehackte Mandeln
             1 knappen TL Hirschhornsalz
             1kg Mehl

Zubereitung :
Zucker und Schmalz schaumig rühren, alle Zutaten dazu rühren.
Kleine Kugeln formen auf dem Blech flach drücken , 25 Min bei ca. 200°

122.Haferflocken Makronen

Zutaten :   500g Haferflocken
             300g Fett
             300g Zucker
             2 Eier
             1 Backpulver
             etwas Zitronenschale
             Vanillezucker
             Rum oder Schokolade

Zubereitung
: Alle Zutaten gut vermengen,
kleine Häufchen abstechen.
Bei guter Hitze backen.

123.Kaiserin Friedrich Torte

Zutaten: 350g Palmin
125g feingeschnittene Succade oder
                Zitronat
8-10 Eigelb.   8-10 Eiweiß
15g Backpulver
350g Weizenmehl
80g Kartoffelmehl
3 Eßl Rum oder Arrak
1 Vanilleschote
Bittermandeln 6 Stk oder Aroma
350g Zucker

Guss :   250g Puderzucker
3 Eßl Zitronensaft
50g gehackte Succade
1 Messerspitze Ingwer

Zubereitung :

Das Palmin zerlassen, auf kalter Stelle schaumig rühren. In Lauer Temperatur mit Eigelb und Zucker 1/2 Std recht schnell weiter rühren. Dann Arrak oder Rum zugeben, die Vanille , Succade , Mandeln und Salz zu geben.

Das Backpulver mit dem Mehl und Kartoffelmehl mischen und in die Masse rühren. Zuletzt Die Steifgeschlagenen Eiweiß drunter heben.

Eine Backform mit Palmin ausstreichen und die Masse einfüllen und backen.

1 Std. bei guter Mittelhitze

Nach dem Backen stürzen Zutaten für den Guss zusammenrühren und auf den nicht mehr heißen Kuchen verteilen.

124.Honigkuchen 1

Zutaten :   500g Honig
1 kg Mehl
250g Zucker
2 Eier
1 TLZimt
40g geschnittene Succade
30g Schweineschmalz
1 TL Hirschhornsalz
etwas geriebene Zitronenschale
etwas geriebener Ingwer
4g Muskatnuss

Zubereitung :

Honig, Schmalz und Zucker erwärmen und das
Hirschhornsalz in Wasser oder Zitronensaft auflösen. - Mehl , Hirschhornsalz , Gewürze, Eier
dazu geben und verkneten. Messerrückendick-
ausrollen. Einzelne Kuchen ausstechen und bei
schwacher Hitze hellbraun backen.

Notizen:

125.Honigkuchen 2

Zutaten :
500g Honig
250g Zucker
1-2 Eier
1 / 16 l Rosenwasser
darin auflösen 15g Pottasche
250g gehackte Haselnüsse
5g gestoßene Nelken
10g Zimt
1 abgeriebene Zitronenschale
60 g gehackte Succade

Zubereitung : wie Rezept 1,
1 cm dick ausrollen, bei Mittelhitze backen . Der Kuchen muss in Mitte gar und trocken sein, dann in Stücke schneiden und mit Zuckerguss glasieren.
Guss : 250g Puderzucker, 1 Eiweiß, 3 EL. Zitronensaft.

126.Nußplätzchen

Zutaten :
125 g Haferflocken
75g Nüsse oder Mandeln
150g Zucker
100g Butter
80g Mehl
1 Ei
1 TL. Backpulver

Butter, Zucker und Ei schaumig rühren, die restlichen Zutaten dazu geben, kleine Häufchen abstechen und backen

127. Buchteln
Grundrezept 105 von Hefeteig

Eine lange Rolle formen und in 6-8 Teile schneiden. Mit der Hand gleichmäßig formen und in eine Backschüssel, Bratenpfanne oder Schmortopf setzen. Mit zerlassener Butter oder Margarine begießen und mit Zucker bestreuen. Nachdem die Buchteln aufgegangen sind, bei Mittelhitze backen. Dazu reicht man Fruchttunke oder Kaffee.

128. Billiger Pfefferkuchen

Zutaten : 600g Mehl
600g Sirup
50g Butter oder Schmalz
25g Nüsse gehackt
1 Messerspitze Zimt u.
Nelkenpulver
1 abgeriebene Zitronenschale
etwas Succade
10g Pottasche aufgelöst in
2 EL. Rosenwasser oder Zitronensaft

Teig kneten und ausrollen. Auf einem Backblech 15 Min. Backen.
Noch warm zerschneiden und mit Zuckerguss glasieren.
Kuchen kann gut für Figuren oder Pfefferkuchenhäuschen genommen werden

129.Braune Kuchen

Zutaten :   1kg Mehl

375g Schmalz

250g Butter

500g Zucker

250g Sirup

250g Geriebene Mandeln

125g Succade

15g Pottasche aufgelöst im Saft

und   Schale von 2 Zitronen

3 TL Kardamom

3 TL Zimt

6 TL Orangenschale

Zubereitung :

Man lässt Sirup, Butter, Schmalz und Zucker zu-
sammenschmelzen, dann die restlichen Zutaten
einrühren/ kneten.

Den Teig über Nacht ruhen lassen.

130.Zimtsterne

Man nimmt den Haselnussschnitten Teig nur mit
mehr Zimt und der geriebenen Schale einer Zitrone dazu, ausrollen und Sterne ausstechen.

Mit Zuckerguss bestreichen.

131.Feine Zimtsterne

Zutaten :   6 Eiweiß

                500g Zucker

                500g geriebene Mandeln

                Schale einer halben Zitrone

                30g Zimt

Glasur :   2 Eiweiß , 200g Puderzucker

Zubereitung : Eiweißschnee und Zucker schaumig rühren, dann die übrigen Zutaten . Den Teig auf grobem Zucker ausrollen und Sterne ausstechen.

Kleine , weiße Kuchen

Zutaten :   65g Butter

                90g Zucker

                1 Ei

                etwas geriebene Zitronenschale

                250g Mehl

                1/2 P Backpulver

Zum bestreichen etwas Zucker mit Eigelb evtl. gehackte Mandeln

132.Haselnussschnitten

Zutaten :   3 Eier
500g Zucker
500g geriebene Haselnüsse
2 EL Mehl
eine Messerspitze Zimt

Zubereitung : 3 Eiweiß zu Schnee schlagen (etwas zurück lassen)
3 Eigelb und den Zucker verrühren , ebenso die Nüsse und restl. Zutaten unter das Eiweiß rühren. Den Teig auf ein Backblech leicht 1/2 cm dick auf Mehl ausrollen . Schmale Stücken abstechen und mit dem restlichen Eiweiß glasieren und blassgelb backen.
Eiweißglasur : Ein Eiweiß mit 100g Zucker rühren.

Du hast doch bestimmt schon **DEIN** Rezept
Dann schreib es auf und bewahre es wie einen Schatz

133.Aachener Printen

500g Kandiszucker kocht man in 100g Wasser,
125 g Fett darin auflösen.
Danach 750g Mehl, 75g gehackte Mandeln, 50g
Orangenschale. 20g Zimt,
Etwas Nelkenpulver, etwas geriebene Muskat-
nuss und 5g Pottasche in Rosenwasser aufgelöst.
Wenn alles zusammen gerührt ist, Mehrere
Stunden ruhen lassen.
Nicht zu dünn ausrollen , in Streifen schneiden
und bei mäßiger Hitze backen.

134.Nussstangen

Zutaten :   220g geriebene Haselnüsse
               400g Zucker
               4 Eiweiß
               1/2 TL Salz
               220g geriebene Zwieback
Glasur :   220g Puderzucker , 4 EL heißes
Wasser
Alle Zutaten zusammen rühren. 3-4 cm dick auf
ein gefettetes Backblech streichen und bei mäßiger Hitze hellgelb backen. Noch warm in Finger-
lange Streifen schneiden und mit Zuckerguss be-
pinseln.

135.Krokant 1

500g Zucker und 400g Mandeln (ganze, gehackte, gestiftelt, oder geschnitten)
Man bräunt den Zucker und schüttelt die Mandeln dazu , gut durchrühren. Etwas abkühlen lassen und auseinander brechen.

Achtung Zucker verbrennt leicht

Krokant 2

60g gehackte Mandeln, mit etwas Butter und Zucker rösten.

136.Spekulatius

Zutaten :   250g Mehl
250g Zucker
1 Pk Vanillezucker
1 Priese Nelkenpulver
1 Priese Zimt
125g Butter
1 Ei
1 TL Backpulver

Zubereitung:
Zutaten zu einem Teig verkneten. Im Kühlschrank ruhen lassen . Der Teig sollte schön kalt sein. Dann lässt er sich gut ausrollen. Ausstechen
oder Kekse schneiden. Kurze Backzeit

137.Quarkstollen

Zutaten :   500g Mehl
1 Pk Backpulver
250g Zucker
1 Pk Vanillezucker
1 Rum-Aroma
4 Tropfen Bittermandel Aroma
1 Messerspitze Muskatblüte
1 Messerspitze Kardamom
2 Eier
125g Butter
50g Rindertalg
250g trockener Quark
125g Rosinen
125g Korinthen
50g Succade

Zum bestreichen 50g zerlassene Butter und zum Bestäuben 50g Puderzucker Zubereitung : Alle Zutaten in einer großen Schüssel oder auf der Tischplatte zu einem Teig verkneten. Zu einer Ovalen Platte ausrollen und überschlagen wie ein Brot. Bei schwacher Hitze 70-80 Min Backen.
Nach dem Backen mit der Butter bestreichen und mit dem Zucker bestreuen.

138.Stollen

Zutaten :   1 kg Mehl
70-90g Hefe
1/2 L Milch
6g Salz
1 / 2 kg Butter
Geriebene Zitronenschale
200g Zucker
250gKorinten
125 Sultaninen
125g gehackte Mandeln
60g Zitronat
1 Vanilleschote
etwas Muskatblüte

Zubereitung :
den gegangenen Teig zum Stollen formen und im heißen Ofen backen.   Noch warm mit Butter bestreichen und Puderzucker bestreuen.

Stollen backen ist eine echte Herausforderung. Er wir ganz leicht zu trocken.

Mein Tipp wäre den Teig schon etwas flüssiger lassen und vielleicht Marzipan mit einarbeiten.

VERSUCH MACHT KLUCH ;)

139.Cremes für Torten-Füllungen

Zutaten : 2 Eier
75g Zucker
1 Päckchen Vanillezucker
125g geriebene Schokolade
60g geriebene Mandeln
100g geschmolzenes Kokosfett
Alles mischen und
locker aufschlagen
Zwischen die Kuchenschichten füllen
Für den Guß : 200g Puderzucker
30g Kakao,
2-3 EL heißes Wasser
25g flüssiges Kokosfett oder
Butter

140.Schokoladen Schicht Torte Creme

125 g Butter,
eine Fl. Rum-Aroma, 1 Ei
250g geriebene Schokolade,
20g Kakao, 2 EL Wasser
1 Pk Vanillezucker .
Zum bestreuen 75g Schokostreusel

141.Zitronen-Creme-Torte

4 Eier,
Saft von 1 1/2 Zitronen
geriebene Schale einer Zitrone
200g Zucker
4-5 Blatt Gelatine
 aufgelöst in heiß Wasser

Zubereitung :
Eigelb und Zucker schaumig schlagen. Zitronensaft und die geriebene Schale hinzu fügen . Eiweiß fest schlagen. Die eingeweichte Gelatine
aufgelöst unter die Ei-Creme rühren . So lange
rühren bis sich eine Straße bildet . Dann erst
den Eischnee unter ziehen.
Mit Gelee oder Sahne verzieren.

142.Kaffee-Creme-Torte

Zutaten :   1 L Wasser,   25g Bohnenkaffee
              100g Zucker,2. Eigelb, 2 Eiweiß
              6-7 Gelatine 50g geriebene Schoko-
lade
Zubereitung : Aus Wasser und Kaffee einen Aufguss bereiten. In den heißen Kaffee die Gelatine
auflösen.
Eigelb , Zucker und Schokolade schaumig rühren. Den Kaffee unterziehen und solange rühren,
bis sich eine Straße zieht. Zuletzt sehr steifen
Eischnee unterziehen.

143.Schuhsohlen

Zutaten :   300g Mehl
               6 EL Zucker
               60-70g Fett
               6 EL Wasser
               15g Hirschhornsalz

Zubereitung : Mehl und Zucker zusammen geben, Fett und Wasser heiß machen, das Hirschhornsalz hinein geben und die heiße Lösung in Mehl und Zucker schütten. Alles gut verrühren und mit einem Löffel dicke Stücke abkneifen und auf einer dicken Zuckerunterlage ausrollen, auf ein gefettetes Backblech legen.   15 - 20 Min.
Bei Mittelhitze hellbraun backen.
Mit Buttercreme füllen.

144.Eberswalder Spritzkuchen

Zutaten :   200ml Wasser
               100g Butter
               200g Mehl
               25g Zucker
               1 Pk Vanillezucker
               4 Eier
               1 TL Backpulver
               Zum Ausbacken : Öl, Schmalz oder Kokosfett

Guß aus 200g Puderzucker, etwas Zitronensaft, 3 EL heißes Wasser

145. Knusperhäuschen

Zutaten :
Teig :500g Kunsthonig
125g Zucker
600g Mehl
1 Ei
1/2 TL Salz

1 Tüte Lebkuchengewürze   1 Pk Backpulver

In die Mitte den Mehls eine Vertiefung drücken. Den lauwarmen Honig und alle weiteren Zutaten nach und nach einkneten.

3mm dick ausrollen , backen, gute Mittelhitze

Klebemittel::

Eiweiße mit viel Puderzucker fest schlagen bis es richtig fest und kremig ist. Teile aneinander kleben.
Mit dem „Kleber" nicht zu sparsam sein.

Kekse, Bonbons, Pralinen usw.   mit dem Eiweiß „ankleben"

Lebensmittel-Farbe lässt sich auch wunderschön einsetzen.

146.Käsestangen

Zutaten: 100g Mehl
                 100g Butter oder Margarine
                 100g geriebener Käse
                 Ein Eigelb zum bepinseln

Zubereitung :

Mehl, Käse und Butterflocken verkneten,
im Kühlschrank ruhen lassen
1/2 cm dick ausrollen, 1cm breite und ca. 8cm
lange Streifen schneiden und 10-12 Min. Goldgelb backen

147.Käsekeks

Das selbe Rezept wie Käsestangen, aber dünner
ausrollen, wenn Lust, wie Plätzchen ausstechen.
Mit einer Gabel einstechen und bei schwacher
Hitze goldgelb backen.

Mit Füllung: 100g schaumig gerührte Butter, 50g
geriebenen Schweizer Käse
Immer zwischen zwei Plätzchen füllen.

Herzhaftes ganz schnell gemacht

Blätterteig fertig kaufen, ausrollen, käse drüber
streuen kurz bei 180 ° goldgelb backen

Brainstorming ?

_____

_____

_____

_____

_____

_____

_____

_____

_____

_____

Nützliches Kochgeschirr

Mindestens 3 Töpfe von hoher Qualität
klein , Mittel, Groß
2 Bratpfannen Ca. 20 und 26 cm
Messer, Kartoffelschäler, Gemüsemesser,
Brotmesser, Holzlöffel
Mehrzweck- Küchenschere.

Kaufe eine gute Qualität dann wirst du viele Jahre nichts ersetzten müssen. Viele preiswerte
Sets sind schlecht bis mittelmäßig
Auch wenn ein guter Name dahinter steht.
Hier kommt es nicht so darauf an

Kleine und große Schöpfkelle
Schaumlöffel
Servierlöffel
Bratenwender (Holz oder Kunststoff)
Hackbeil
Fleischgabel
Flotte Lotte. (Passiersieb)
Siebe klein und groß
Kartoffelstampfer und/ oder Presse
Fleischwolf
          (am besten ein Elektrischer, sonst
drehst du dir `nen Wolf)

Haushaltsgeräte die Sinn machen

Schneebesen

Mixer

Küchenwaage

Dicker Hans

Fleischwolf

Spare nicht an der Qualität das zahlt sich aus

Messer

Kartoffel
Gemüse
Brot

Sparschäler

Schaumkelle
Fleischgabel
Bratenwender
Suppenkelle
Gemüselöffel

Töpfe+Pfannen

"FLOTTE LOTTE" oder Passiersieb

Kürzel

EL	Esslöffel
TL	Teelöffel
Stk.	Stück
L	Liter
g	Gramm
kg	Kilogramm
PK	Packung

Tipps und kleine Tricks

Die Leckere Knolle
Für Pellkartoffeln die Festkochende Salatware
Für Kartoffelpüree und Klöße die mehlig kochenden
Für Kartoffelpuffer und Rösti die Vorwiegend
Festkochende

Kräuter-Eiswürfel
Wenn es auf dem Markt alle Kräuter zu kaufen
gibt, kannst du es zur Vorratshaltung nutzen.
Waschen, fein hacken, in Eiswürfelbehälter,
heißes Wasser drauf und nach dem abkühlen ab
in den Gefrierschrank. Wenn gefroren in Plastiktüten und beschriften nicht vergessen. Auch
Knoblauch lässt sich gut einfrieren. Ich breche
die Knolle auseinander und friere sie in einer
kleinen Dose ein.

Zu viele Tomaten?
Im Gefrierbeutel , später einzeln herausnehmen.
Angetaut lässt sich die Haut problemlos entfernen. Super für Suppen und Soßen.

Ist das Ei noch frisch?
Schale oder Glas mit Wasser füllen. Ei reinlegen.
Schwimmt es oben, weg schmeißen, bleibt es auf
dem Grund ist es frisch.

Melone reif?
Gegen die Schale klopfen. Klingt sie hohl, ist sie
unreif. Ein voller tiefer Ton, dann ist sie reif.

Vanillezucker selber machen
1- 2 Vanilleschoten aufschneiden und Stücke in
ca. 1 Kg Zucker vermischen . In einem gut verschließbaren Glas aufbewahren

Getrocknete Hülsenfrüchte wie Kiechererbsen,
Bohnen und Erbsen sollte man abspülen und
über Nacht stehen lassen. Das Einweichwasser
später mit verwenden Was oben schwimmt ru-
hig weg tun,
würde wahrscheinlich doch nicht weich kochen.

Zitronensalz selber machen
1-2 Limetten . Die Schale tief einritzen. In ein gut
verschließbaren Glas und mit Salz auffüllen

Öl für Grillfleisch

½ Flasche Rapsöl ½ Flasche Olivenöl
Frische oder getrocknete Gewürze wie : Thymian, Oregano, Knoblauch,
Chili aber Vorsichtig, Salz(grobes Salz) , Pfefferkörner. In einem verschlossenen Glas im Kühlschrank aufbewahren. Bei Bedarf Grillgut damit einpinseln

Übrigens Hähnchenkeulen in gut gewürztem Wasser vorkochen.
Nicht gar werden lassen , so ca.
20 min. dann geht es schnell auf dem Grill
An heißen Tagen das Fleisch mit Kurkuma würzen. Verhindert schnelles schlecht werden

Zitronen sollten immer auf Vorrat im Kühlschrank sein. Nicht nur weil sie so
gesund sind, sie sind auch sehr effektiv bei trockener Haut. Eine Paste aus Backnatron und Zitronensaft herstellen und die betroffenen Hautstellen damit einreiben.

Blanchieren

Wenn du Gemüse einfrieren möchtest, ist es sinnvoll zu blanchieren. Wasser zum kochen bringen kleine Mengen Gemüse rein-geben2 -3 Min. dann raus nehmen und gleich in sehr kaltes Wasser tun.Nächste Portion.........Nach dem Abkühlen in Gefrierbeutel und ab in die Gefriertruhe.

Diese Gewürze gehören in die Küche

Gewürze spielten schon im Mittelalter und der frühen Neuzeit eine bedeutende Rolle. Zuerst Salz und Pfeffer , der so wertvoll war, das er mit Gold aufgewogen wurde. Später über die Seewege kamen auch Vanille , Kardamom, Zimtstangen. Dill, Kapern, Koriander , Kreuzkümmel zu uns nach Deutschland. Die alten Ägypter kannten alle schon.

Hildegard von Bingen die „erste deutsche Ärztin" , nutzte die Heilkraft von Gewürzen. schon im 12. Jahrhundert

Das Teuerste Gewürz auch heute noch,

ist wohl der Safran.

Inzwischen sind Kräuter aus der Küche nicht mehr weg zu denken.

Aber was sind Gewürze.

Gewürze sind ausschließlich getrocknete Pflanzenteile:

Samen, Blätter, Rinden, Blüten, und Wurzeln

Frische Gewürze bezeichnet man als Würzkräuter

Salz ist kein Gewürz sonder ein Mineral und

Zucker zählt zu den Nahrungsmitteln

Ich habe dir die geläufigsten aufgezeigt.

Aber Vorsicht , denn zu viel kann ein Gericht auch verderben. Ein gutes Beispiel dafür ist der Knoblauch oder Chili

Diese getrockneten Gewürze machen Sinn

Pfeffer

Basilikum   Passt zu allen Tomatengerichten

Paprika

Nelkenpulver

Majoran oder Oregano

Lorbeerblätter

Muskatnuss oder Muskatblüte

Kümmel   Für schwere Eintopfgerichte

Thymian

Rosmarin   Ein muss für Gans u. Ente

Zimt   (Canehl)

Curry (ist ein Mischgewürz)

Dann vielleicht noch:

Kurkuma

Chili

Wacholderbeeren

Senfkörner und   Dill

Um Gurken u.s.w zu konservieren, hier ein ganz einfaches Rezept für den Sud

1 Teil Essig
2 Teile Wasser
Zwiebeln
Viel Zucker
2-3 Nelken (nicht zu viele nehmen)
1-2 Lorbeerblätter
Senfkörner
Dill (am besten frisch)

Ein kleines Stück Rettich sorgt für Haltbarkeit

Alles Aufkochen und heiß übergießen , Gläser
fest verschießen. Für lange Lagerung kurz ein-
wecken.
Das heißt die Gläser in in einen Topf mit Wasser
aufkochen lassen.

Kleine Lebensmittelkunde

Fitmacher für das Gehirn

Leinsamen
Sie enthalten jede Menge Omega 3 , das die zelluläre Alterung hinauszögert.
Es regt die Produktion von Serotonin an, was wichtig ist für den Hirnstoffwechsel
Dank der Quell und Schleimstoffe sorgt Leinsamen für eine gute Verdauung

Spinat
Enthält Folsäure die sich positiv auf die Denkleistung auswirkt. Ebenso Kalium, das die elektrische Leitfähigkeit im Oberstübchen verbessert. Die Vitamine E & K , helfen einer Demenz vorzubeugen

Probier doch mal diesen Smootie :

125 g Spinat

1 Apfel, 1 Birne

200ml Wasser

2 EL Agavendicksaft

Heidelbeeren
Die enthaltenen Flavonoide verbessern die kognitiven Fähigkeiten. Sie verstärken die Lern- und Aufnahmebereitschaft.
Sie gelten als Radikalfänger und schützen gegen mögliche Entstehung von altersbedingten mentalen Erkrankungen.

Walnüsse
Sie verbessern die Nährstoff- und Sauerstoffaufnahme des Gehirns und schützen vor Entzündungen. Sie enthalten reichlich Vitamin B 6 und stärken somit die Hirnleistung und das Nervensystem.

Cashew-Kerne
Muss das Gehirn viel verarbeiten bedeutet es Stress. Es erhöht sich der Bedarf an Magnesium, das brauchen wir aber für eine reibungslose Hirnfunktion.
Cashewnuss enthält jede Menge Magnesium .
Auch bei Kopfschmerz denn Magnesium- und Kalziummangel lassen den Schädel Brummen .
Viel trinken nicht vergessen .

Fisch. (schützt vor Alzheimer)
Besonders fettreiche Fische, wie Makrele, Lachs,
Thunfisch, Hering, Sadinen, stecken voller Omega 3 Fettsäuren wobei EPA und DHA eine besondere Rolle bei der Durchblutung des Gehirn
spielen. Entzündungen reduzieren sich und sind
bei der Alzheimer Prävention nützlich.
Wer keinen Fisch mag kann dabei gern auf Nahrungsergänzung zugreifen . ZB von Nutrilite (ich
empfehle was ich selber nehme)

Brokkoli
Das grüne Gemüse punktet mit Cholin. Der wasserlösliche Nährstoff regt das Wachstum neuer
Gehirnzellen und Nervenverbindungen an. Verstärkt wird dieser Effekt noch durch das enthaltene Vitamin K.

Karotten
Sie sind reich an Nitrat das sich beim Kauen zusammen mit den Bakterien in Nitrit umwandelt .
Das Salz sorgt dafür das sich unsere Blutgefäße
weiten und somit eine bessere Durchblutung
des Gehirns bewirken. Insbesondere der Frontallappen, der bei Demenz unterversorgt ist,
profitiert von diesem Gemüse.
Besser noch den Saft der Karotten trinken.

Hülsenfrüchte

Linsen bringen wertvolle Spurenelemente und Mangan auf den Teller. Das erhöht die Stresstoleranz und Gedächtnisleistung. Mit Vitamin B 1 sorgen die Hülsenfrüchte für gute Nerven. Kichererbsen stärken die Durchblutung des Gehirns und versorgen den Kopf mit Gedächtnisverbessernden B 6 und dem Radikalfänger Vitamin E

Kakao

Enthält Flavonoide (s. Heidelbeeren)
Aber bitte richtigen Kakao nicht zu verwechseln mit leckeren Schokis und Pralinen.

Super Schlank Kräuter

Salbei stoppt die Lust auf Schokolade
Schnittlauch steigert den Kalorienverbrauch
Kresse fördert das Sättigungsgefühl
Basilikum entwässert
Petersilie fördert den Fettabbau
Minze entspannt Magen und Darm
Thymian schützt vor Appetit-Attacken
Kerbel entschlackt
Löwenzahn entgiftet sanft

Probier mal dieses Rezept

148.Löwenzahn-Gelee

Für ca. 3 Gläser   200g Löwenzahnblüten
            Alles Grüne sorgfältig entfernen
Blüten waschen mit 1 L Wasser 5 Min. kochen
            24 Stunden stehen lassen
            Durchsieben
             mit dem Saft einer Zitrone und
            1kg Gelierzucker mischen
            4 Min. sprudelnd kochen lassen.
    Heiß in Gläser füllen und fest verschließen

149.Wie wär`s mit Hollersekt (Wacholderblüten)

12 Hollerblüten in ein Ballon-Glas geben
1 ¼ kg Zucker,   in
10 l warmes aber abgekochtes Wasser   auflösen
Saft und Schale von 3 ungespritzten Zitronen
alles über die Blüten gießen und 10 Tage an einem warmen Platz stehen lassen. Durch ein
Tuch gießen und in Flaschen füllen.
Nochmal 2-3 Wochen , dann ist der Sekt ein
wunderbares
Erfrischungsgetränk natürlich gut gekühlt.

150.Orangenlikör

Zutaten: ½ L Brandwein oder Rum
die Schale von 3 Orangen -
weiße Haut entfernen
2 Stangen Zimt
½ TL Sternanis
500g Zucker

Zubereitung : Alle Zutaten außer Wasser und
Zucker in ein Glasgefäß geben und an einem
warmen Platz 8 Tage stehen lassen.

Aus dem Wasser und Zucker einen Sirup zubereiten. Einen Holzlöffel benutzen und rühren bis
er Fäden zieht. Erkalten lassen. Den Brandwein
durch ein Sieb gießen und mit dem Sirup auffüllen.

Dieser Likör ist ein Highlight für
besondere Anlässen.
Er wird besser wenn er länger steht,
kann aber auch gleich getrunken werden

Noch ne Idee ?

_____

_____

_____

_____

Inhaltsverzeichnis

Teil 4 Salate & Beilagen ab Seite 59

5.Teil Süßspeisen ab Seite 66

Grundrezepte ab Seite 71

Teil 6 Kuchen , Gebäck ab Seite 83

146.Käsestangen
147.Käsekeks
148.Löwenzahn-Gelee
149. Hollersekt   (Wacholderbeerenblüten)
150.Orangenlikör

-

Auf ein Wort

Ich bin Hildegard Gerdes und die Autorin
Die Rezepte in diesem Buch sind mit viel Sorg-
falt und Liebe zusammengestellt worden.
Es sind Rezepte die meine Basis in der Küche
sind, denn ich koche wirklich gern.
Dennoch kann ich eine Garantie nicht überneh-
men wenn es dann doch mal nicht klappt.
Vielleicht braucht es auch nur einen weiteren
Versuch. Übung macht ja den Meister.

Meine Bilder-Quelle ist www. **Pixabay** . de
Für diese Möglichkeit bedanke ich mich herz-
lich bei allen die diese schönen Bilder gemacht
haben

Einige Informationen und ein Bild sind von
Wikipedia auch dafür herzlichen Dank.
Wer mich über Internet erreichen möchte,
mit den Adressen auf der letzten Seite,
ist es einfach.

*Ganz besonders bedanke ich mich bei
Dir, lieber Leser, denn Du nutzt dieses Buch und darüber freue ich mich
natürlich sehr.
Für Ideen und Anregungen bin ich
immer offen.
Viel Freude mit dieser Rarität*

hildegard.gerdes@gmx.de

http://empfehlungsmarketing-h.de

http://hgkt.empfehlungsmarketing-h.one